WILLST DU
MIT MIR
NÄHEN?

Kreative Ideen für Näheinsteiger

# WILLST DU MIT MIR NÄHEN?

ELKE VANELDEREN

# INHALT

# VORWORT

## *Lange vor meiner Karriere in der Welt der Medien*

kannte man mich im belgischen Sint-Truiden als „eine der Töchter von Odette". Meine Mutter führte ein renommiertes Bekleidungsgeschäft, genau wie mein Onkel, meine Cousine und meine Tante. Als Moderatorin und Gesundheitstherapeutin war ich die Außenseiterin der Familie.

Das Bekleidungsgeschäft war sozusagen die vierte Tochter meiner Mutter. Wenn sie mir abends einen Gutenachtkuss gab, steckten häufig noch Stecknadeln in ihrer Bluse. Für mich war es der reinste Luxus, immer über die neuesten Modetrends auf dem Laufenden zu sein und Kleidungsstücke nach meinen Wünschen abändern lassen zu können. „Mama, dieses Kleid ist zu weit, machst du es mir bitte enger?" oder: „Mama, die Hose möchte ich morgen anziehen, kannst du sie bitte kürzen?" oder auch: „Mama, die Bänder gefallen mir nicht. Nähst du mir bitte andere dran?" Ich gebe zu: In dieser Beziehung war ich ein bisschen verwöhnt.

Die Eltern meiner besten Freundin besaßen ein Geschäft, das auch Nähmaschinen verkaufte. Soll ich ehrlich sein? Aufregend fanden wir das als Teenager nicht, eher seltsam. Und als ich viele Jahre später meinen Kompagnon an seiner Nähmaschine mit Stoffen hantieren sah, dachte ich häufig: „Oh Mann, das hat so gar nichts mit mir zu tun!"

Doch vor gut einem Jahr packte mich plötzlich die Lust auf kreatives Gestalten und die Beschäftigung mit „Nützlichem und Dekorativem", wie ich es nenne. Nichts bereitete mir mehr Freude, als das Haus gemütlich einzurichten, Kissen zu nähen und Kleidungsstücken eine persönliche Note zu geben. Ich hatte großen Spaß dabei, Beschriftungen zu sticken und Blusen und Kissen mit Applikationen zum Aufbügeln zu verzieren. Innerhalb kürzester Zeit entwickelte sich der kleine Zeitvertreib zu einem ausgewachsenen Hobby! Mittlerweile stapeln sich in meinem Arbeitszimmer zahlreiche Schachteln und Boxen mit Stoffen, Bändern und Knöpfen, deren Anblick allein mich schon fröhlich stimmt. Hier komme ich ganz zur Ruhe und zu mir selbst und ich finde, dass jede Frau das Recht auf so einen Ort in ihrem Wohnumfeld hat.

In diesem Buch möchte ich meine persönlichen Erfahrungen, Ideen und Ratschläge mit Ihnen teilen und Ihnen die Tür in die wunderbare Welt von Nadel und Faden öffnen. Die Entwürfe eignen sich für Nähanfänger jeder Altersstufe. Ich bin mir sicher, dass Ihnen das Nähen bald genauso viel Spaß machen wird wie mir! Mit den eigenen Händen schöne Dinge gestalten, entweder für sich selbst oder als Geschenk für andere: „Glücksgefühle garantiert!"

„HAT DIE FRAU GENUG ZU TUN, KANN DER MANN GENÜSSLICH RUH'N.“

*Elke Vanelderen*

Kapitel

01

# DIE GRUND-AUSSTATTUNG

LINEAL UND MASSBAND
SCHEREN
STECKNADELN UND NADELKISSEN
FADENTRENNER UND KOPIERRÄDCHEN
NÄHNADELN
SCHMETZ
SCHMETZ

# Wichtigstes Nähzubehör

VIEL BRAUCHT MAN NICHT ZUM NÄHEN UND VIELLEICHT BESITZEN SIE MANCHES DAVON AUCH SCHON. IM FOLGENDEN FINDEN SIE EINE ÜBERSICHT ÜBER DAS WICHTIGSTE NÄHZUBEHÖR FÜR ANFÄNGER. LEGEN SIE SICH AM BESTEN ZUNÄCHST NUR DIE GRUNDAUSSTATTUNG IN GUTER QUALITÄT ZU, DER REST KANN FOLGEN, WENN SICH IHRE SCHNEIDERKARRIERE VIELVERSPRECHEND ENTWICKELT.

## Am Anfang dieses Buches stand ein Mini-Nähset ...

Als ich 17 Jahre alt war, riss mir auf einer Silvesterparty der Spaghettiträger meines Abendkleids. Und so stand ich den ganzen Abend mit einer Hand auf der Schulter herum, um alles schicklich zusammenzuhalten. Natürlich hatte niemand in der Silvesternacht eine Sicherheitsnadel dabei, geschweige denn Nadel und Faden!
Seitdem habe ich immer ein Notfall-Nähset in meiner Handtasche. Solche Sets kann man kaufen, aber häufig findet man auch ein Gratisexemplar in Hotelzimmern.

### NÄHNADELN

Nähnadeln gibt es in vielen unterschiedlichen Stärken und Längen. Schaffen Sie sich am besten ein Set mit mehreren Nadeln an:

- Zum Auffädeln eignen sich mittellange, dünne Nadeln mit einem kleinen Öhr,
- zum Sticken etwas stärkere mit größerem Öhr für das etwas dickere Stickgarn,
- zum Einziehen einer Schnur oder einer Gummilitze in einen Tunnelzug braucht man eine lange, dicke Nadel mit einem großen Öhr und einer stumpfen Spitze.

### STECKNADELN

Bei der Arbeit an der Nähmaschine braucht man ein Döschen mit sehr feinen Stecknadeln. Steckt man sie quer zur Nährichtung, kann man mit der Maschine einfach „darüberrattern".
Für das Zusammenstecken von Schnitten eignen sich Stecknadeln mit bunten Köpfen am besten. Sie sind nicht nur hübsch, sondern beim Arbeiten auch besser zu erkennen.

## TIPP

Man sollte immer einen Magneten im Nähkorb haben. Das vereinfacht das Einsammeln, wenn die Schachtel mit Nadeln einmal herunterfällt (sehr praktisch ...).

### NÄHGARN

Für das Nähen mit der Nähmaschine ist hochwertiges Nähgarn ein Muss. Normalerweise verwendet man mercerisiertes Baumwollgarn Nr. 50 für Naturfaserstoffe. Die Farbe des Garns sollte mit der Hauptfarbe des Stoffes übereinstimmen oder diese kontrastieren.
Am besten entspricht die Qualität des Garns dem zu verarbeitenden Stoff: also Baumwollgarn für Baumwollstoffe, Seidengarn für Seide und Polyester für synthetische Stoffe und Wollstoffe.
Billiges Garn eignet sich nicht für die Nähmaschine. Wer noch ein paar alte Garnrollen mit Resten hat, kann diese zum Auffädeln oder zum Annähen von Knöpfen verwenden oder mit der Hand Farbakzente setzen.

### STICKGARN

Zum Sticken mit der Hand nimmt man in der Regel zweifach gezwirntes Stickgarn, das aus sechs Einzelfäden besteht. Man kann aber auch mit einfädigem oder mehrfädigem Stickgarn (Twist) sticken. Die meisten Stickarbeiten werden mit zwei- oder dreifädigem Twist ausgeführt. Dafür schneidet man ein Stück Stickgarn ab und zieht sich aus dem Garn die benötigte Anzahl Fäden heraus. Diese fädelt man gemeinsam durch das Nadelöhr und verknotet sie, bevor man mit der Arbeit beginnt.

Der Nähkorb sollte je eine Rolle weißes und schwarzes Heftgarn enthalten. Dieses Garn reißt leicht und lässt sich dadurch einfach wieder aus dem Stoff ziehen. Für dunkle Stoffe wird weißes, für helle schwarzes Heftgarn verwendet.

# Was ist ein Kurzwarengeschäft?

Bevor eine Freundin oder die Oma unvermutet mit der Frage kommt, aus welchem Kurzwarenladen denn die gekauften Sachen stammen, hier die Erklärung: Ein Kurzwarengeschäft ist ein Spezialgeschäft, das Kurzwaren (Knöpfe, Bänder usw.) und Nähzubehör verkauft. Man muss nicht immer in so einem Fachgeschäft einkaufen. Auf Märkten, im Internet oder im Secondhandladen bekommt man auch schönes Nähzubehör.

Kleine, spitze Schere

SCHEREN

Ein Satz qualitativ hochwertiger Scheren ist unverzichtbar. An guten Scheren hat man lange seine Freude und sie schneiden sauber und präzise. Man muss dafür zwar etwas tiefer in die Tasche greifen, aber die Investition lohnt sich. Stoffscheren dürfen NIEMALS zum Schneiden von Papier verwendet werden, sonst werden sie schnell stumpf.

Eine Nähkiste sollte vier Scheren enthalten, drei spezielle Stoffscheren und eine für alles andere:

- Eine echte Stoffschere mit schrägem Griff und Stahlklingen ist das wichtigste Schneide-Instrument;
- eine gut zu handhabende, mittelgroße Schere, mit der ausschließlich Stoffe geschnitten werden;
- eine spitze Schere, mit der sich lose Fäden abschneiden, Ecken abschrägen oder Knopflöcher aufschneiden lassen;
- eine normale Schere, die beispielsweise zum Ausschneiden von Papierschnittmustern verwendet werden kann.

## TIPP

Eine Zackenschere schneidet kleine Dreiecke in die Stoffkante, wodurch diese nicht mehr ausfranst. So muss der Stoff nicht mehr versäubert werden und man setzt nette Akzente. Eine Zackenschere ist zwar nicht unerlässlich, aber praktisch.

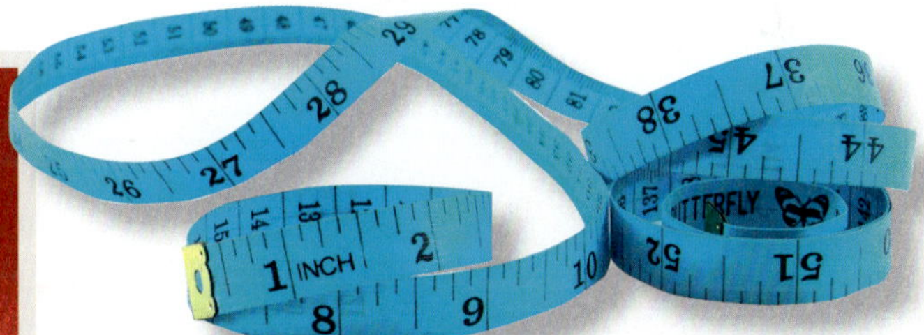

### LINEAL UND MASSBAND

Im fortgeschrittenen Schneiderinnendasein benötigt man ein transparentes Lineal, um Knopflöcher zu markieren, und vor allem, um gerade Schnittmusterlinien zu zeichnen. Eventuell ist für rechte Winkel auch ein Zeichendreieck nützlich.
Mit dem Maßband nimmt man seine eigenen Maße und misst größere Stoffe aus. Das Band sollte aus robustem Kunststoff bestehen und an den beiden Enden Metallkappen haben.

### SCHNITTMUSTERPAPIER

Für kleine Schnittmuster braucht man kein Spezialpapier. Etwas dünnes Geschenk- oder Einwickelpapier reicht. Für den Entwurf größerer Schnitte gibt es im Handel spezielles Schnittmusterpapier. Es ist halbtransparent, lässt das darunterliegende Schnittmuster durchscheinen und sich gut mit Stecknadeln durchstechen.

Mit einem Stückchen Seife kann man perfekt auf Stoff zeichnen

# Wie geht man mit Schnittmustern um?

Gerade Nähanfängerinnen schrecken möglicherweise davor zurück. Dabei ist es einfacher, als man denkt. Ein Schnittmuster ist nichts anderes als eine Zeichnung, die man auf ein Schnittmuster- oder Einwickelpapier überträgt und dann ausschneidet. Anschließend steckt man das Muster mit Stecknadeln auf dem Stoff fest und zeichnet die Umrisse mit einem Trickmarker oder einem Aqua-Trickmarker auf dem Stoff nach. Ausschneiden – und schon geht es los. Aber aufgepasst! Prüfen Sie vorher, ob das Schnittmuster eine Nahtzugabe hat oder nicht. Bei einem Schnittmuster ohne Nahtzugabe muss man beim Umriss etwa 1,5 cm zugeben.

STIFTE & CO.

Zum Übertragen eines Schnittmusters auf Papier eignet sich ein normaler Bleistift oder jeder andere Stift. Um das Schnittmuster auf Stoff zu übertragen, nimmt man einen sogenannten Trickmarker oder Aqua-Trickmarker, die von alleine oder erst nach dem Waschen verschwinden, ein Kopierrädchen oder Seife. Bei dunklen Stoffen sollte man helle Farben wählen und umgekehrt.

## TIPP

Mit einem kleinen Stück Seife kann man exzellent Linien auf Stoff ziehen, die sich einfach wieder wegwischen lassen. Dafür mit einem Messer ein Stückchen Seife schräg abschneiden, damit es eine schmale Kante erhält, und mit der Kante das Muster auf den Stoff übertragen.

# TIPP

Textiletiketten sind oft lästig: Bei Schals stören sie die Optik und in Unterwäsche kratzen sie und sind unansehnlich. Ein Etikett, das aus dem T-Shirt- oder Blusenkragen hängt und jedem verrät, welche Größe man trägt, ist ein Ärgernis. Entfernen Sie solche Schilder nicht mit der Schere, sondern mit einem Fadentrenner, um das Kleidungsstück nicht zu beschädigen.

FADENTRENNER

Er sollte in keinem Nähkorb fehlen: der Fadentrenner (auch: Pfeiltrenner). Will man ein Kleidungsstück ändern oder hat man sich vernäht, kann man damit leicht eine Naht auftrennen.
Auch Knöpfe oder Textiletiketten lassen sich so sicher und ohne Beschädigung aus der Kleidung oder vom neuen Lieblingsschal entfernen.

# TIPP

Speziell für Herren: Die schmalen Stoffbändchen an den Ärmeln neuer Jacketts sind keine Herstelleremebleme. Sie helfen lediglich Verkäufern, auf dem Kleiderständer ein bestimmtes Sakko leichter zu finden. Zu Hause kann man die Bändchen getrost entfernen!

Transparente Kästchen

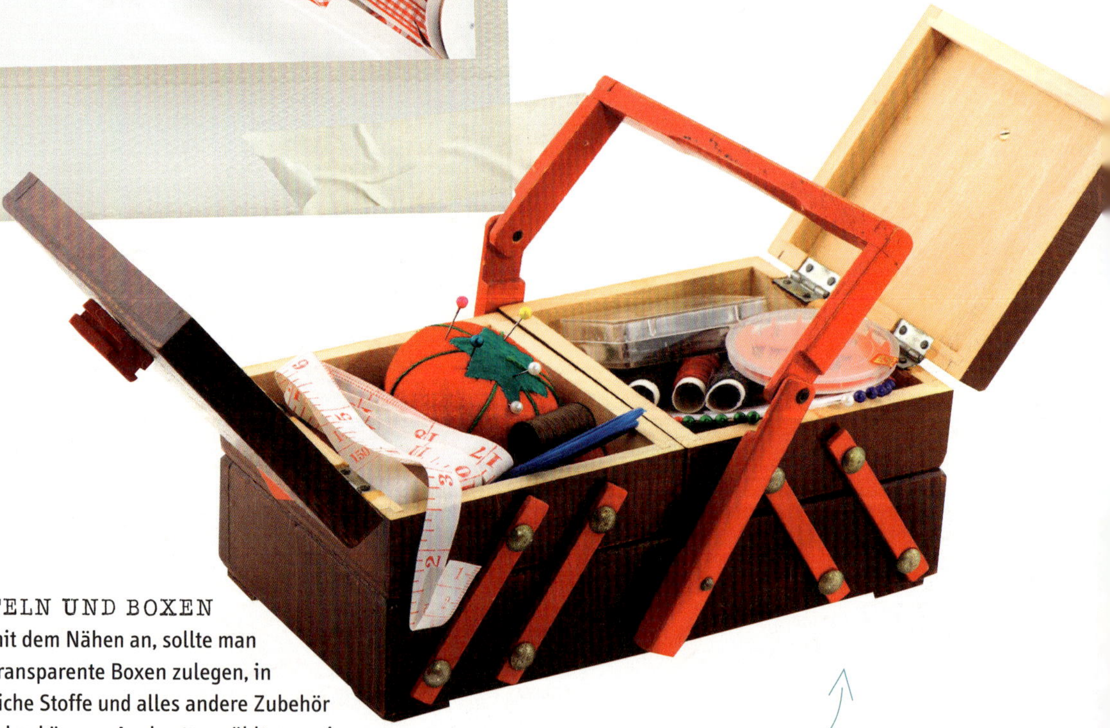

### SCHACHTELN UND BOXEN

Fängt man mit dem Nähen an, sollte man sich große, transparente Boxen zulegen, in denen sämtliche Stoffe und alles andere Zubehör verstaut werden können. Am besten wählt man ein stapelbares Modell aus und kauft davon mehrere.

Man tut sich selbst einen Gefallen und sorgt für Übersicht, wenn man auch für die kleineren Dinge, wie Knöpfe, Garnrollen, Bänder und Borten, Verschlüsse, Näh- und Stecknadeln usw., weitere Schachteln und Kästchen anschafft – transparent oder nicht.

Schön …
es muss ja nicht immer alles nur praktisch sein …

NICKEL PLATED
SHARPS 4
MILWARDS
NEEDLES
MADE IN ENGLAND
BEST QUALITY
MADE IN REDDITCH
412

# Einen Knopf annähen geht so:

Ein etwa 30 cm langes Stück Faden in die Nähnadel einfädeln. Die Fadenenden so verknoten, dass man einen doppelten Faden erhält.
Die Nadel von hinten zunächst durch den Stoff und dann durch ein Knopfloch stechen. Danach die Nadel von vorne durch ein anderes Knopfloch und durch den Stoff führen. Diesen Vorgang so lange wiederholen, bis der Knopf gut sitzt, den Faden dabei jedoch nicht zu fest anziehen. Bei einem Knopf mit zwei Löchern wandert der Faden hin und her. Hat der Knopf vier Löcher, sind drei Muster möglich: zwei parallele Fäden, ein Kreuz oder ein Quadrat. Zum Abschluss die Nadel von hinten durch den Stoff, aber nicht durch ein Knopfloch stechen und den Faden mehrmals um die Fadenverbindung zwischen Knopf und Stoff wickeln. Dadurch wird der Knopf fest an den Stoff herangezogen und lässt sich leichter zuknöpfen. Nun den Faden noch vernähen: Dafür die Nadel durch die Stiche ziehen und dabei eine Schlaufe stehen lassen. Die Nadel durch die Schlaufe führen und den Faden festziehen. Das restliche Fadenende abschneiden.

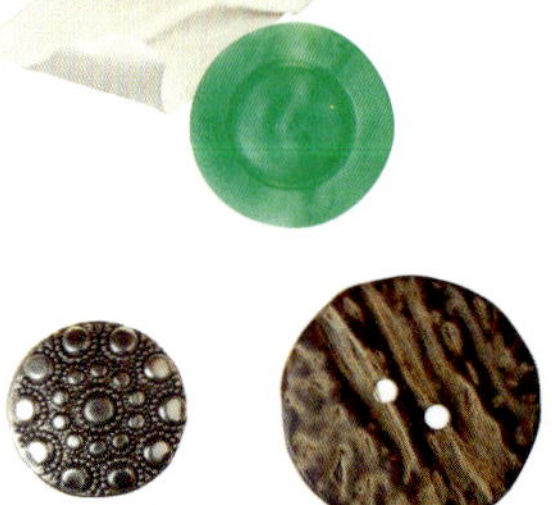

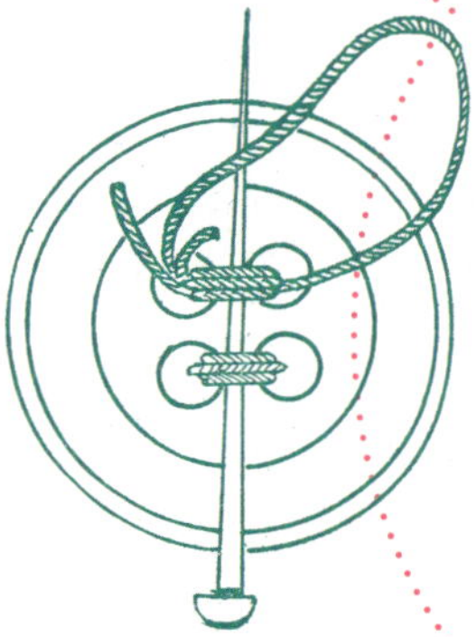

KNÖPFE
Zwar werden Knöpfe nicht für alle Näharbeiten gebraucht, doch ist es zweifellos praktisch, so bald wie möglich eine Knopfsammlung anzulegen. Sichern Sie sich beispielsweise bei neuen Kleidungsstücken gleich die mitgelieferten Ersatzknöpfe und bewahren Sie sie in einer eigenen Box auf. Und sollte ein abgetragenes oder abgelegtes Kleidungsstück einige schöne Knöpfe haben, könnten die auch noch gute Dienste leisten.
Daneben gibt es noch Druckknöpfe in unterschiedlichen Ausführungen: Manche werden mit Nadeln und Faden angenäht, für andere braucht man einen Hammer.

Jeder kann einen Knopf annähen.

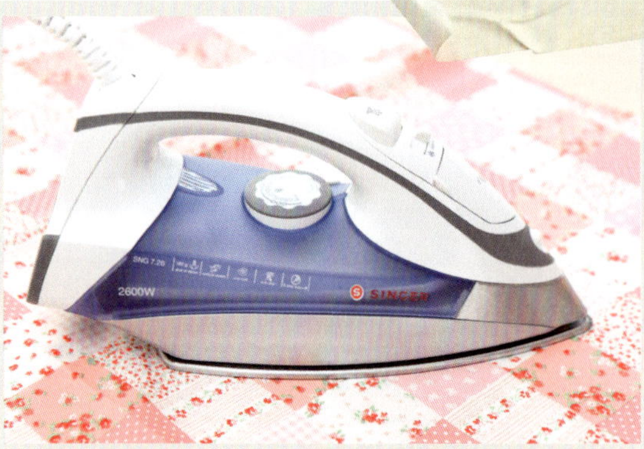


BÜGELEISEN

Wer gut nähen und sauber arbeiten will, braucht ein Bügeleisen.

- Stoffe müssen vor der Verarbeitung gut gebügelt werden. Bügeln Sie Wollstoffe unter einem feuchten Tuch, können Sie damit auch unerwünschten Glanz beseitigen.
- Bevor Sie eine Naht nähen, bügeln Sie das Nähteil. Das macht es viel leichter, die Spur zu halten.
- Fertig gearbeitete Nähte müssen häufig gebügelt werden, bevor sie weiterverarbeitet werden können.
- Ein Nähteil ist erst dann wirklich fertig, wenn es zum Schluss ordentlich gebügelt wurde.

Vlieseline®

Um eine Näharbeit zu verstärken, verwendet man eine weiche Einlage, meist Vlieseline®. Zwar handelt es sich hierbei um eine Marken- und nicht um eine Produktbezeichnung, doch ist das Material überall unter diesem Namen erhältlich und zwar in unterschiedlichen Stärken und Ausführungen:

Vlieseline® gibt es mit und ohne Klebefläche.

Vlieseline® zum Aufbügeln hat an einer Seite eine Klebefläche.

Legt man etwas Schnittmusterpapier, Backpapier oder Stoff zwischen Bügeleisen und Klebefläche, vermeidet man Klebespuren am Bügeleisen.

Die Vlieseline® mit der Klebefläche auf den Stoff legen und das Bügeleisen auf die höchste Stufe stellen. Dabei die Dampffunktion ausschalten, sonst klebt es nicht. Jeweils das Bügeleisen für kurze Zeit andrücken, damit sich der Kleber gut mit der Unterlage verbindet.

Um die richtige Vlieseline® zu finden, gehen Sie am besten mit Ihrem Stoff in ein Fachgeschäft und lassen sich beraten.

Es gibt auch Vlieseline® mit doppelseitiger Klebefläche (Vliesofix®). Hier bügelt man die eine Seite auf, entfernt das Schutzpapier und bügelt die andere Seite auf.

Im Handel ist außerdem Vlieseline® in Streifen als Meterware erhältlich. Damit werden Taillenbänder oder Säume verstärkt.

VOLUMENVLIES

Volumenvlies ist eine etwas dickere Einlage und in unterschiedlichen Stärken erhältlich – mal fester, mal weniger fest. Damit wird beispielsweise die Laptop-Hülle gepolstert, um besseren Schutz zu bieten.

## Ein selten sparsamer (und praktischer!) Tipp:

Im Laden hängen manche Kleidungsstücke mit zwei schmalen Bändchen auf dem Kleiderbügel. Schneiden Sie diese zu Hause sofort ab, denn Bänder und Etiketten, die aus der Kleidung hervorblitzen, sind einfach nur lästig. Doch bewahren Sie die Bänder auf. Sie eignen sich bestens zum Geschenkeverpacken.

## TIPP

Im Handumdrehen einen losen Saum befestigen? Siehe Seite 42.

Kapitel 02

# DIE NÄH-MASCHINE

EINE NÄHMASCHINE IST EINE TOLLE SACHE FÜR ALLE, DIE SELBST TEXTILIEN GESTALTEN MÖCHTEN. DOCH SOLLTEN NOCH ZWEIFEL BESTEHEN, OB MAN WIRKLICH DAS ZEUG ZUR SCHNEIDERIN HAT, IST ES AM BESTEN, KLEIN ANZUFANGEN MIT VON HAND GENÄHTEN DINGEN UND DAS MASCHINENNÄHEN ERST EINMAL BEI OMA, MAMA ODER EINER FREUNDIN AUSZUPROBIEREN.

**TIPP**

Regelmäßige Nähtreffen mit Freundinnen zum kreativen Gestalten und Reparieren empfehlen sich sehr. Und praktisch sind sie auch, weil drei oder vier Köpfe immer mehr wissen als einer allein. Außerdem machen sie einfach Spaß!

Nähmaschinen gibt es in den unterschiedlichsten Preisklassen. Die ganz schlichten Modelle haben so gut wie keine technischen Extras, wohingegen die teureren Maschinen so ziemlich alles können – außer kochen und putzen. Wer gerade erst mit dem Nähen beginnt, braucht keine teure Maschine. Schauen Sie mal ins Internet. Hier finden Sie viele Websites mit Secondhand- oder Auktionsangeboten.

Für Kinder oder zum Ausprobieren ist eine preisgünstige Maschine der beste Einstieg. Allerdings sollten Sie im Hinterkopf haben, dass die Reparatur manchmal mehr kosten kann als die Anschaffung und dass die gestalterischen Möglichkeiten beschränkt sind. Kauft man eine hochwertigere Maschine im Fachgeschäft, erhält man in der Regel eine ausführliche Gebrauchsanleitung, hat Anspruch auf Service- und Reparaturleistungen und es werden dann auch Grundbegriffe des Nähens erklärt. Manche Fachgeschäfte bieten sogar Einsteigerkurse an. Was Stiche und Nähtechniken angeht, bietet so eine Maschine natürlich viel mehr Möglichkeiten.

Auch wer schon Näherfahrung hat, sollte sich beim Kauf einer neuen Nähmaschine immer genau die Gebrauchsanleitung durchlesen. Schließlich gleicht keine Maschine der anderen. Die Maschine sollte auf einem stabilen Tisch stehen, an dem man gut arbeiten kann. Netzkabel und Pedal sollten so platziert sein, dass sie nicht stören, und die Arbeitshöhe sollte an die eigene Körpergröße angepasst sein.

### ARBEITEN MIT DER NÄHMASCHINE

Jetzt geht es ans Experimentieren. Eine Nähmaschine arbeitet mit einem Ober- und einem Unterfaden, die sie zu Stichen verknüpft. Für den Unterfaden muss man erst Garn auf eine Spule wickeln und die Spule anschließend richtig in die Maschine einsetzen. Wie das funktioniert, sollten Sie in der Gebrauchsanleitung nachlesen, denn die Methoden unterscheiden sich von Maschine zu Maschine. Verwenden Sie für Ober- und Unterfaden immer dieselbe Garnqualität, sonst lässt sich die Fadenspannung nicht gut regulieren.

Danach legen Sie ein Stück Stoff unter den Nähfuß (das sogenannte Füßchen) und senken ihn ab. Nun ist der Stoff arretiert.
Näheinsteiger neigen dazu, den Stoff von der Maschine nach hinten wegzuziehen. Das überdehnt den Stoff und es besteht die Gefahr, dass die Nadel krumm oder die Maschine beschädigt wird. Besser legen Sie die Hände vor dem Füßchen auf den Stoff und führen ihn von vorne vorsichtig unter der Nadel hindurch. Schieben Sie so mit den Händen Stück für Stück immer neuen Stoff nach – Ziehen ist nicht nötig. Die meisten Nähmaschinen sind mit einem normalen Füßchen ausgestattet. Für das Einsetzen von Reißverschlüssen, zum Kräuseln von Stoffen oder zum Feststeppen eines Schrägbandes empfiehlt sich die Anschaffung eines speziellen Nähfußes.

# TIPP

Muss man beispielsweise dünnen Karton, Vlieseline® oder mehrere Stofflagen verarbeiten, ist es besser, mit einer etwas dickeren Nadel zu arbeiten (etwa mit einer Jeansnadel).

In den meisten Fällen reicht eine Universalnadel Stärke 80 völlig aus. Tauschen Sie sie regelmäßig (nach 6 bis 8 Nähstunden) aus, da sich mit einer stumpfen Spitze nicht gut nähen lässt.

Die meisten Maschinen verfügen über ein Fußpedal, das wie das Gaspedal eines Autos funktioniert. Wer den Umgang mit der Nähmaschine noch übt, sollte anfangs mit wenig Druck, also langsam, nähen. Sobald man sich eingearbeitet hat, kann man schneller nähen. Modernere Maschinen haben kein Pedal mehr. Hier wird die Nähgeschwindigkeit über einen Drehregler eingestellt. Im Prinzip lässt sich damit gut arbeiten, allerdings wird für Näheinsteiger dadurch das Nähen manchmal zu schnell und zu unkontrolliert.

Probieren Sie auf einem Stück Stoff einmal alle Stiche aus, die Ihre Nähmaschine zu bieten hat. Linienpapier eignet sich perfekt dazu, gerade nähen zu lernen. Das Nähen mit abwechselnd dickeren und dünneren Stoffen hilft, die Fadenspannung richtig einzustellen. Heben Sie das Stoffläppchen mit der Stichsammlung auf, um nicht zu vergessen, was die Nähmaschine alles kann.

Jede Nähmaschine verfügt mindestens über den Steppstich und den Zickzackstich (nur ganz alte Maschinen können nicht zickzack nähen). Außerdem hat jede Maschine einen Funktionsschalter zum Rückwärtsnähen, der gute Dienste beim Fadenvernähen leistet. Dafür nähen Sie etwa 1 cm geradeaus, kurz rückwärts und wieder vorwärts. Am Nahtende wiederholen sie den Vorgang und vernähen das Fadenende somit wirkungsvoll.

Nicht wenige Nähmaschinen besitzen zudem ein spezielles Knopflochprogramm. Knopflöcher sollte man allerdings erst eine Weile auf Stoffresten üben, bis man sie im Griff hat – Anfänger dürfen das Kapitel ruhig überspringen ...

## KLEINE PROBLEME LÖSEN

Funktioniert die Nähmaschine nicht so, wie sie soll, oder erscheint das Nähergebnis ungleichmäßig?

- Überprüfen Sie, ob der Oberfaden durch alle Führungspunkte verläuft. Manchmal ist er an einer Stelle herausgerutscht und hat dadurch nicht genug Spannung.
- Kontrollieren Sie den Unterfaden: Ist die Spule gut eingesetzt? Reinigen Sie eventuell einmal die Kapsel und entfernen Sie lose Fädchen und Staub. Prüfen Sie, ob die Nadel stumpf oder verzogen ist und tauschen Sie sie aus.
- Sind Oberfaden und Unterfaden von derselben Qualität? Näht man mit unterschiedlichen Garnen, wirkt sich das auf die Fadenspannung aus.
- Überprüfen Sie die Fadenspannung und regulieren Sie sie.

*Bevor man mit einem Nähprojekt beginnt, sollte man neue Stiche IMMER erst ausprobieren. Dazu reicht ein Meter irgendeines hässlichen Stoffes.*

Kapitel
03
STICHE

## MIT DER HAND

### HEFT- ODER VORSTICH

Die Nadel wird immer im gleichen Abstand von vorn nach hinten durch den Stoff gestochen. Der Stich wird als Zierstich, zum Heften oder um Nähte fertigzustellen verwendet.

### ÜBERWENDLINGSSTICH

Eine Reihe schräger Stiche, bei denen immer nur wenige Gewebefäden des Stoffes und der Stoffkante durchstochen werden. Man arbeitet von rechts nach links und benutzt den Stich für Säume.

### HALBER KREUZSTICH

Mit diesem Stich werden sehr präzise Stickarbeiten (z. B. Gobelins) angefertigt. Die Arbeitsrichtung geht von rechts nach links. Die Nadel ausstechen und ein paar Fäden nach links wieder einstechen. Die Nadel senkrecht unterhalb des Einstichs wieder ausstechen und so immer wiederholen. Für sehr feine Stickarbeiten überspannt der Stich jeweils nur einen einzigen Gewebefaden.

### STEPPSTICH

Eine ordentlich aneinander gesetzte Reihe von Stichen erhält man, indem man die Nadel einsticht und ein Stückchen weiter links wieder aussticht. Den Faden anziehen und die Nadel in der ersten Einstichstelle wieder einstechen. In doppelter Stichlänge nach links wandern und wieder ausstechen. In gleichmäßigen Stichen von rechts nach links arbeiten.
Dieser Stich macht einen mit der Hand genähten Saum besonders hübsch.

### KETTENSTICH

Von rechts nach links arbeitend mit einem Ausstich beginnen. Den Faden zur Schlaufe legen und die Nadel am Ausstich wieder einstechen. Beim Durchziehen den Faden so anziehen, dass ein „Kettenglied“ entsteht. Vorgang wiederholen.

### FESTONSTICH

Mein Lieblingsstich! Sehr einfach und wunderschön … Man verwendet den Stich, um eine Naht oder eine Stoffkante zu verschönern oder zu verstärken. Die Nadel ausstechen und ein Stück weiter in Arbeitsrichtung wieder einstechen, dabei den Faden unter der Nadel durchführen. Vorsichtig anziehen.

### SAUMSTICH

Von rechts nach links arbeiten. In die obere, doppelt gelegte Stofflage ausstechen, schräg links oben ein paar Fäden aus der unteren Stofflage mitnehmen und die Nadel zwischen den Stofflagen nach links unten führen. Dann von unten wieder in den Oberstoff ausstechen. Im Zickzack weiterarbeiten.

### HEXENSTICH

Dieser Stich ähnelt dem Saumstich, lässt aber mehr Bewegung zu. Von links nach rechts einen kleinen, horizontalen Stich in die eine Stofflage machen. Dann einen Stich so in die andere Stofflage setzen, dass sich die Fäden kreuzen.

### KREUZSTICH

In eine Richtung gleichmäßig schräge Stiche aneinanderreihen und beim Zurückkommen die Fäden jeweils kreuzweise über die ersten Stiche legen. Immer nach demselben Muster arbeiten, also z.B. die unteren Stiche immer von links nach rechts und die oberen immer von rechts nach links.

### BLINDSTICH

Der Stich ist auch als „verzogener Stich“ oder „Matratzenstich“ bekannt und man verwendet ihn, um zwei Stoffränder von rechts aneinanderzunähen. Es wird von rechts nach links gearbeitet. Die Stoffränder nach innen umfalten und mit jeweils leicht versetzten, sehr kleinen Stichen zunähen und dabei so zusammenziehen, dass die Naht hinterher unsichtbar ist.

**TIPP**

Den Faden nie zu fest anziehen, weil der Stoff sonst Falten wirft, was hinterher sehr unschön wirkt.

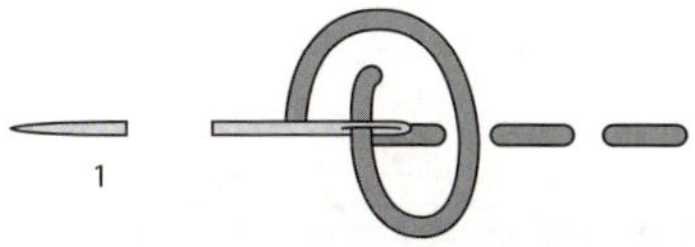


Heft- oder Vorstich

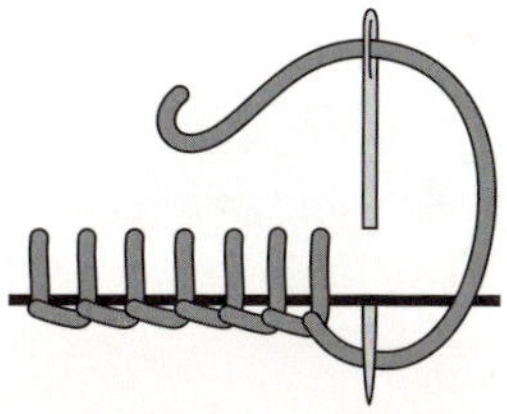

Festonstich

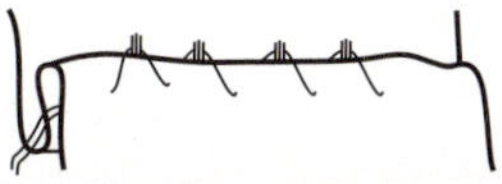

Saumstich

Überwendlingsstich

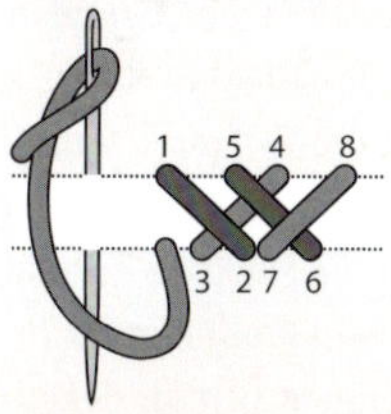


Hexenstich

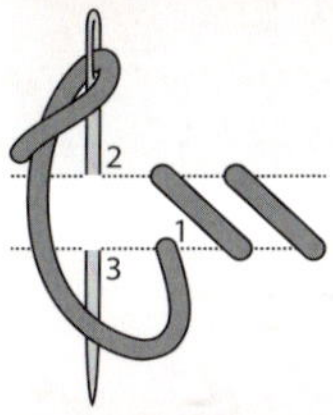


Halber Kreuzstich

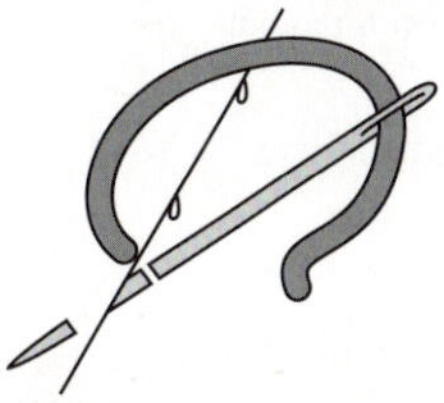

Blindstich

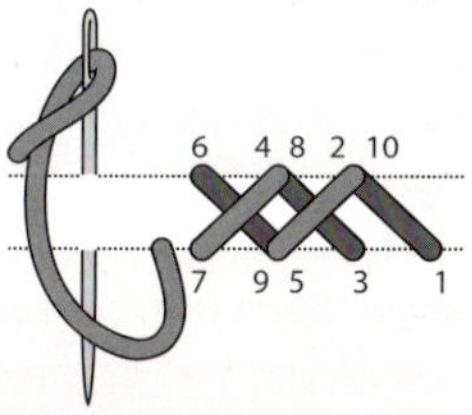


Kreuzstich

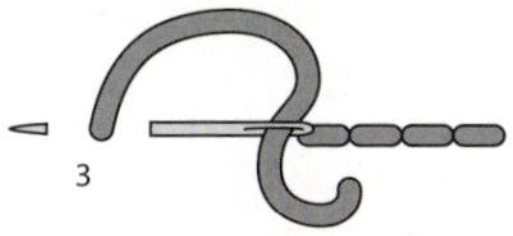


Steppstich

Kettenstich

## MIT DER NÄHMASCHINE

### GERAD- BZW. STEPPSTICH

Diesen einfachen Grundstich nutzt man für beliebige Nähte, er dient aber auch zum Verzieren von Näharbeiten. Die meisten Nähmaschinen verfügen über eine Funktion zur Einstellung der Stichlänge. Sehr weit greifende Stiche haben einen Hauch von „retro" und eignen sich für dekorative Ornamente (z.B. auf Taschen). Mit großen Stichen gesteppte Nähte halten jedoch weniger gut.
Die größte auf der Nähmaschine einstellbare Stichlänge braucht man zum Anrüschen oder zum Kräuseln von Stoffen. Dazu eine Stichreihe auf den Stoff setzen und links und rechts die überhängenden Fäden anziehen. Dadurch kräuselt sich der Stoff.

Gerad- bzw. Steppstich

### ZICKZACKSTICH

Beim Zickzackstich bewegt sich die Nadel der Maschine im Zickzack von links nach rechts, sodass ein Dreieckmuster entsteht, dessen Größe sich variieren lässt. Man wählt ihn, um fransige Stoffränder zu versäubern („overlocken"), Schnittkanten zu verstecken und gelegentlich auch als Zierstich.
Der Dreifach-Zickzackstich ist eine Variante, bei der in jede Richtung drei kleine Stiche gesetzt werden. So verzieht sich der Stoff zwischen den Stichen nicht.
Eine Naht mit Zickzackstich zu versehen nennt man im Fachjargon „versäubern".

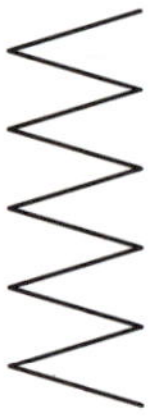

Zickzackstich

### BLINDSTICH

Dank dieses praktischen Stichs entfällt das separate Saumnähen. Die Maschine setzt eine Reihe von Steppstichen auf den umgebügelten Saum und in regelmäßigen Abständen einen kleinen Stich in den Oberstoff. An der Außenseite sind nur diese kleinen Stiche sichtbar.

Manche Maschinen haben noch einen Zier-Zickzackstich sowie einen Smokestich, einen Zickzackstich mit Rückstich, einen Stretchstich und manchmal auch eine ganze Reihe von Zierstichen im Programm. Außerdem verfügen die meisten Maschinen über ein spezielles Knopflochprogramm.

Blindstich

OBERGARN
Nr. 50 100 m Nr. 50
100% BAUMWOLLE

# Kapitel 04 STOFFE

SICH MIT FRÖHLICH-BUNTEN STOFFEN ZU UMGEBEN UND DARAUS ETWAS SCHÖNES ZU NÄHEN – SEI ES ZUM EIGENEN VERGNÜGEN ODER ALS GESCHENK FÜR ANDERE = INSTANT HAPPINESS!

Manchmal sollte man sich einfach verwöhnen. Die schönsten Stoffe finden Sie unter anderem hier:

- „Vermiljoen" in Gent (BE) oder im Internet (www.vermiljoenshop.be)
- „Annamarieke" in Löwen (BE) oder im Internet (www.annamarieke.be)
- „Rood met witte stipjes" im Internet (www.roodmetwittestipjes.be)
- Coats GmbH, Kenzingen (www.coatsgmbh.de)
- Westfalenstoffe AG, Münster (www.westfalenstoffe.de)
- Johann Swafing GmbH, Nordhorn (www.swafing.de)
- Zweigart und Sawitzki GmbH & Co. KG (www.zweigart.de)
- KnorrPrandell GmbH, Lichtenfels (www.kp-creative.de)

Einfache Baumwollstoffe sind sehr beliebt, weil sie nicht teuer und dabei leicht zu verarbeiten sind.
Stoffe aus Baumwolle, Leinen und Viskose zählen zu den pflanzlichen Naturfaserstoffen. Sie sind recht robust und lassen sich gut waschen. Baumwolle und Leinen kann man bügeln, Viskose dagegen nicht.
Wolle und Seide gehören ebenfalls zu den Naturfasern, allerdings mit tierischem Ursprung. In der Regel sind sie etwas teurer und für Näheinsteiger nicht ganz so leicht zu verarbeiten.

Synthetikstoffe tragen Bezeichnungen wie Dralon, Terlenka, Trevira oder Dracon und werden aus Kunstfasern hergestellt. Ihre Trageeigenschaften lassen sich nicht mit denen von Naturfasern vergleichen, sie ziehen Schmutz und Schweiß an und riechen demzufolge häufig unangenehm. Wenn möglich, sollten Sie Stoffe aus reinen Kunstfasern vermeiden.

Natürlich hält der Handel viele Mischqualitäten bereit, die die jeweils positiven Eigenschaften von Natur- und Kunstfasern miteinander kombinieren. Ein Baumwoll-Polyester-Gemisch etwa wirkt zwar kühl, knittert jedoch weniger als reine Baumwolle.

- Vor der Verarbeitung sollte jeder Stoff gewaschen werden. Das ist nicht nur aus Hygienegründen zu empfehlen. Manche Stoffe laufen während des Waschens ein, und so entfernt man auch eventuelle chemische Substanzen, mit denen der Stoff behandelt wurde. Stoffreste bzw. Stoffcoupons sollte man in jedem Fall waschen, da sie meist bereits durch viele Hände gegangen sind.
- Stoffränder sollten nicht ausgefranst sein. Sind sie es doch, schneiden Sie sie mit einer Zackenschere ab oder versäubern sie mit dem Zickzackstich der Nähmaschine.
- In der Regel werden Stoffe als Meterware angeboten, in einer Breite von 1,10 m bis 1,60 m. Doch es gibt auch größere Breiten, vor allem bei Dekostoffen.
- Auf der Webkante eines Stoffes (die Schussfäden wechseln hier die Richtung, der Stoff franst dadurch nicht aus) finden sich häufig zusätzliche Informationen. Stoffe haben Namen – ein besonderer Vorteil, wenn man sie nachkaufen möchte. Auf einigen Stoffen stehen Waschempfehlungen und bunte, gemusterte Stoffe sind bisweilen mit Farbnummern versehen. Das hilft bei der Suche eines unifarbenen Stoffs, einer bestimmten Stofffarbe oder anderer Accessoires in passenden Farben.
- In Stoffgeschäften können Sie Stoffe anfassen und ihre Farbe mit eigenen Augen sehen, doch heutzutage liefert auch das Internet eine große Auswahl an Stoffen, oft mit fantastischen Mustern.
- Bei Lagerverkäufen großer Modemarken werden immer wieder Stoffreste angeboten, die bei der Herstellung der Kollektionen übrig geblieben sind. Hier können Sie außergewöhnliche Muster und exklusive Stoffqualitäten zu Schnäppchenpreisen erstehen.
- Für kleinere Näharbeiten reicht häufig ein Stoffrest, Restcoupon genannt, der meist günstiger als die Meterware ist. Deshalb lohnt es sich, in Stoffgeschäften auch auf dem Couponwühltisch nach Stoffen zu suchen.

- Alte Laken, Bettbezüge, Küchenhandtücher, Bandanas oder andere Kleidungsstücke können Sie bestens für neue Dinge wiederverwerten.

## Den Stoff vorbereiten

- Den Stoff waschen und bügeln (um zu verhindern, dass die Ränder ausfransen, am besten vorher mit Zickzackstich versäubern).
- Den Stoff zuschneiden.
- Alle Ränder mit Zickzackstich versäubern, damit sie nicht ausfransen (Einsteiger sollten die Nahtzugabe großzügig bemessen). Mit einer kleinen, spitzen Schere den überstehenden Stoff knapp zur Zickzacknaht hin wegschneiden, damit eine ordentliche Kante entsteht.



## Wer's einfach will, nimmt Filz!

### (Ideal für Einsteiger)

Filz fühlt sich nicht nur gut an, er lässt sich auch ganz einfach verarbeiten. Im Handumdrehen entstehen daraus z.B. Etuis oder das gewisse Etwas für größere Näharbeiten. Filz franst nicht aus (muss also nicht versäubert werden), ist in unterschiedlichsten Maßen, Stärken und Farben erhältlich und lässt sich problemlos verarbeiten. Man kann ihn nähen, aber auch mit Textilkleber zusammenkleben. Dieses Buch zeigt beispielhaft Filzherzen (Seite 64), ein Elefanten-Mobile (Seite 66) oder eine Tablet-PC-Hülle (Seite 90).

## TIPP

Filz kann man auch selbst herstellen, indem man ein Kleidungsstück aus reiner Schurwolle zu heiß wäscht. Dadurch schrumpft die Wolle und lässt sich anschließend verfilzen.

Kapitel

05

# ORDENTLICH VERSÄUBERN

## IMMER DRAN DENKEN: DAS BÜGELEISEN GRIFFBEREIT HABEN!

Die Ränder eines Nähteils kann man auf unterschiedliche Arten versäubern:

- Mit einer Zackenschere, die kleine Dreiecke in die Stoffkante schneidet.
- Den umgeschlagenen Rand mit Textilkleber festkleben. Das ist praktisch, wenn es mal schnell gehen muss. Dabei jedoch nicht zu viel Kleber auftragen! Er lässt sich später nicht mehr aus dem Stoff entfernen.
- Kleben und bügeln mit Vliesofix®, einer Bügeleinlage mit doppelseitiger Klebefläche. So lässt sich auch auf die Schnelle ein Saum zaubern oder eine Applikation aufbringen.
- Den Rand mit dem Zickzackstich der Nähmaschine versäubern. Die Nadel entlang der ausgefransten Stoffkante führen und eventuell überstehende Stofffasern wegschneiden.
- Versäubern mit dem Steppstich der Nähmaschine oder mit der Overlockmaschine. Ein geeignetes Füßchen montieren und den Stoffrand darunter platzieren.
- Den Rand in einem Arbeitsgang umfalten und mit Steppstich steppen.
- Den Rand doppelt umfalten und mit Steppstich steppen. Die zweite Version sieht ordentlicher aus als die erste.
- Mit der Hand versäubern (siehe Überwendlingsstich).
- Mit dem Festonstich versäubern.
- Ein wenig Luxus kommt hinzu, wenn man die Schnittkante mit einem Satinband einfasst.
- Mit einem Schrägband oder einem schräg zum Fadenlauf geschnittenen Stoffband kann man ebenfalls eine unsaubere Schnittkante von Hand oder mit der Maschine sauber einfassen.

### TIPP

Fertig zum Aufbruch und plötzlich fällt auf, dass man einen losen Saum an Rock, Kleid oder Hose hat? Hier hilft doppelseitiges Klebeband oder Textilkleber. Den Kleber aber nur sehr sparsam und vorsichtig auftragen. Alternativ den Saum mit einem Streifen Vliesofix® anbügeln.

*Ein kleines Loch in einem Kleidungsstück? Bügeln Sie eine Applikation darüber. Die bekommen Sie im Fachhandel oder im Internet, sie lässt sich aber auch selbst machen.*

JETZT KANN ES LOSGEHEN!

Vor Beginn einer Näharbeit sollten Sie genügend freie Zeit und alle benötigten Dinge in Griffweite platziert haben: Der Stoff ist gewaschen und gebügelt, Nähgarn in den richtigen Farben liegt bereit, außerdem alle Scheren, Nähnadeln und andere Kurzwaren. Nichts ist so lästig, wie ständig nach etwas suchen zu müssen!

## TIPP

Ein Klettverschluss ist eine wahrhaft segensreiche Alternative zum Reißverschluss. Es gibt ihn in unterschiedlichen Breiten und wahlweise sogar mit selbstklebender Rückseite. Zur Sicherheit die Ränder mit ein paar Stichen von Hand oder auf der Nähmaschine festnähen, und schon ist man fertig!

# Kapitel 06

# RAN ANS NÄHEN

ZUHAUSE IST, WO MAN SICH VÖLLIG FREI ENTFALTEN KANN, EINE SICHERE ZUFLUCHT VOR DER AUSSENWELT. ES IST NICHT NUR DER ORT, AN DEM EINE KATZE SCHNURREND AUF DER FUSSMATTE LIEGT, WO FRISCHE BLUMENSTRÄUSSE DEN ESSTISCH SCHMÜCKEN UND HERRLICHE KÜCHENDÜFTE DURCH DIE RÄUME ZIEHEN – ES IST AUCH DER ORT, AN DEM MAN SICH SO GEBEN DARF, WIE MAN WIRKLICH IST UND SICH MIT DINGEN UMGEBEN KANN, DIE EINEM GEFALLEN UND ETWAS BEDEUTEN. MIT DEN EIGENEN HÄNDEN ETWAS HERZUSTELLEN, SEI ES ZUR EIGENEN FREUDE ODER UM ES ZU VERSCHENKEN, SICH GANZ IN EINE WELT VOLLER FARBEN, STOFFE UND ZAHLLOSER ANDERER HÜBSCHER DINGE ZU VERTIEFEN, KANN GROSSES GLÜCK BEDEUTEN.

# /1
# HOME IS WHERE YOUR HAPPY IS

# TISCHDECKEN

**TISCHDECKEN SIND TEUER UND OFT FINDET MAN NICHT DIE RICHTIGE FARBE. ZUM GLÜCK LASSEN SIE SICH SEHR EINFACH SELBST NÄHEN! SOBALD EIN PASSENDER STOFF GEFUNDEN IST, KANN MAN LOSLEGEN UND SICH SEINE WUNSCH-TISCHDECKE SELBST NÄHEN.**

## ★ Das braucht man: ★

FÜR EINEN TISCH VON 150 CM X 90 CM:

- BAUMWOLLSTOFF, 193 CM X 133 CM (INKL. NAHTZUGABE)
- NÄHGARN
- POMPONBAND, 670 CM

### Für einen größeren oder kleineren Tisch?

Um die Stoffmenge an die Maße des eigenen Tisches anzupassen, sollte man berücksichtigen, dass an jeder Tischkante mindestens 20 cm, bei langen Tischen sogar 25 cm Stoff überhängen sollten. Dafür eine Saumzugabe von 1,5 cm hinzurechnen.

Beim Pomponband rechnet man die Länge und die Breite des Tischtuchs mal zwei. Hier können Sie die jeweiligen Maße des eigenen Tisches zur Berechnung eintragen:

STOFF:
Länge: .................... cm Tischlänge + 40 cm Überhang + 3 cm Nahtzugabe = .................... cm
Breite: ....................cm Tischbreite + 40 cm Überhang + 3 cm Nahtzugabe = ......................cm
Stoffmenge ......................cm x ..............cm

POMPONBAND:
............................cm Tischdeckenlänge x .................... cm Tischdeckenbreite = ................ cm
(+ etwas Zugabe für die Ecken)

So wird´s gemacht:

- Den Stoff waschen und bügeln.
- Stoff zuschneiden.
- Die Stoffkanten mit Zickzackstich versäubern, damit sie nicht ausfransen.
- Eine Kante nach innen falten und glatt bügeln. Die Kante noch einmal 1 cm nach innen falten und erneut bügeln.
- Den Saum mit Steppstich feststeppen.
- Mit den drei anderen Seiten ebenso verfahren.
- Alle Nähte glatt bügeln. So lässt sich das Pomponband leichter befestigen.
- Das Pomponband von rechts mit Steppstich entlang des Tischdeckensaums feststeppen.

## TIPPS

- Gut darauf achten, den Stoff für die Tischdecke exakt im rechten Winkel zuzuschneiden. Ein rechteckig gemusterter Stoff vereinfacht das Zuschneiden.
- Einen nicht zu glatten Stoff verwenden, der maschinenwaschbar ist.
- Das Pomponband nicht zu heiß waschen (maximal 40 °C).

# TISCHLÄUFER

**EIN TISCHLÄUFER IN EINEM ANDEREN FARBTON ODER EINER KONTRASTFARBE KANN DER TISCHDEKO HERRLICHE AKZENTE GEBEN ODER AUCH ZWEI TISCHSETS ERSETZEN. DIESER HIER KOMMT DANN AUF DEN TISCH, WENN CHINESISCH GEGESSEN WIRD. SO BLEIBT DAS TISCHTUCH SAUBER, WENN SICH ALLE AUS DEN VERSCHIEDENEN SCHÜSSELN BEDIENEN.**

## ★ Das braucht man: ★

FÜR EINEN TISCHLÄUFER VON 144 CM X 68 CM:

- BAUMWOLLSTOFF, 144 CM X 71 CM (INKL. NAHTZUGABE)
- NÄHGARN
- BUNTE KANTENBORTE (AN EINER SEITE OFFEN, DAMIT MAN SIE AM STOFF FESTNÄHEN KANN), 140 CM

So wird's gemacht:

- Den Stoff waschen und bügeln.
- Stoff zuschneiden.
- Die Stoffkanten mit Zickzackstich versäubern, damit sie nicht ausfransen.
- Die langen Kanten 0,5 cm nach innen falten und glatt bügeln. Noch einmal 1 cm nach innen falten, glatt bügeln und den Saum mit Steppstich feststeppen.
- Die Kantenborte 2 cm kürzer zuschneiden als die kurzen Tischläuferkanten. Diese links und rechts 1 cm nach innen falten und bügeln.
- Die Kantenborte offen auf eine kurze Kante legen und im Abstand von ca. 0,5 cm vom Rand (bzw. in der Falte) mit Steppstich feststeppen.
- Die Kantenborte um den Rand schlagen und mit Steppstich feststeppen.
- Die andere kurze Seite ebenso arbeiten.

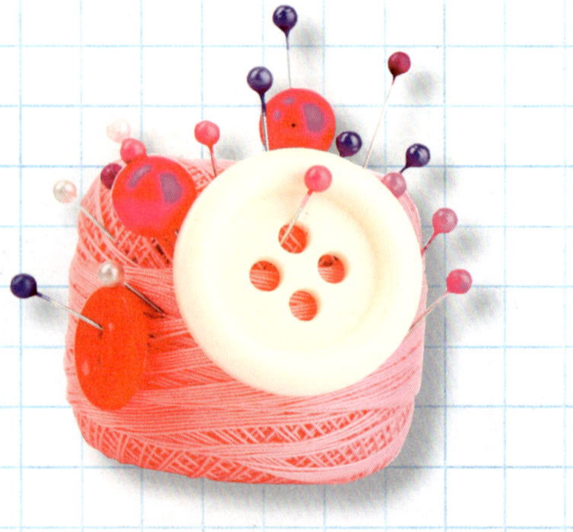

# TIPPS

Zu Beginn eines Projekts Bügelbrett und Bügeleisen aufbauen und beim Bügeln ein geeignetes Baumwolltuch zwischenlegen. Bügelt man Säume unter Dampf glatt, sieht das Resultat gleich viel ordentlicher und schöner aus.

# SERVIETTEN

**ZU EINEM SCHÖN GEDECKTEN TISCH GEHÖREN STOFFSERVIETTEN. KAUFT MAN SIE IM HANDEL, MUSS MAN MEIST VIEL GELD AUSGEBEN, DABEI SIND SIE IM HANDUMDREHEN SELBST GENÄHT. EIN PAAR STOFFRESTE UND VIEL KREATIVITÄT SIND ALLES, WAS MAN BRAUCHT! ÜBRIGENS: NICHT ALLE AM TISCH BRAUCHEN DIE GLEICHE SERVIETTE, NUR MUSTER UND FARBEN SOLLTEN ZUEINANDER PASSEN.**

## ★ Das braucht man: ★

FÜR 6 SERVIETTEN À 45 CM X 45 CM:

- BAUMWOLLSTOFF, CA. 150 CM X 100 CM
- NÄHGARN

## TIPPS

- Verwenden Sie gestreiften oder karierten Stoff. Das vereinfacht das Zuschneiden erheblich!
- Ich bin „Servietten-süchtig" – ein schönes Druckmotiv kann ich einfach nicht liegen lassen ... Meine schönsten Papierservietten schneide ich sogar in der Mitte durch, damit die Packung länger hält.

So wird's gemacht:

- Den Stoff waschen und bügeln.
- 6 Stücke à 47 cm x 47 cm zuschneiden. Dabei ist eine Nahtzugabe von 2 cm an allen Kanten enthalten (siehe Zeichnung 1 auf Seite 56).
- Alle Stoffkanten mit Zickzackstich versäubern, damit sie nicht ausfransen.
- Eine Kante nach innen falten und glatt bügeln, Die Kante erneut nach innen falten, glatt bügeln und zusammenheften oder -stecken (2)
- Die Serviette mit 3 cm Abstand zum oberen Stoffrand unter das Nähmaschinenfüßchen legen. Den Saum mit Steppstich bis ca. 3 cm vor den unteren Stoffrand feststeppen.
- Die untere Stoffkante 2 cm nach innen falten.
- Die Ecke schräg (als Dreieck) nach innen falten (3).
- Den Saum 1 cm nach innen falten (4).
- Langsam bis zur Mitte des unteren Saums weitersteppen. Die Nadel im Stoff lassen, das Füßchen anheben und das Nähteil um 90° drehen.
- Den Saum bis ca. 3 cm vor die Kante steppen. Bei den übrigen Ecken ebenso verfahren (5).
- Die Säume glatt bügeln.

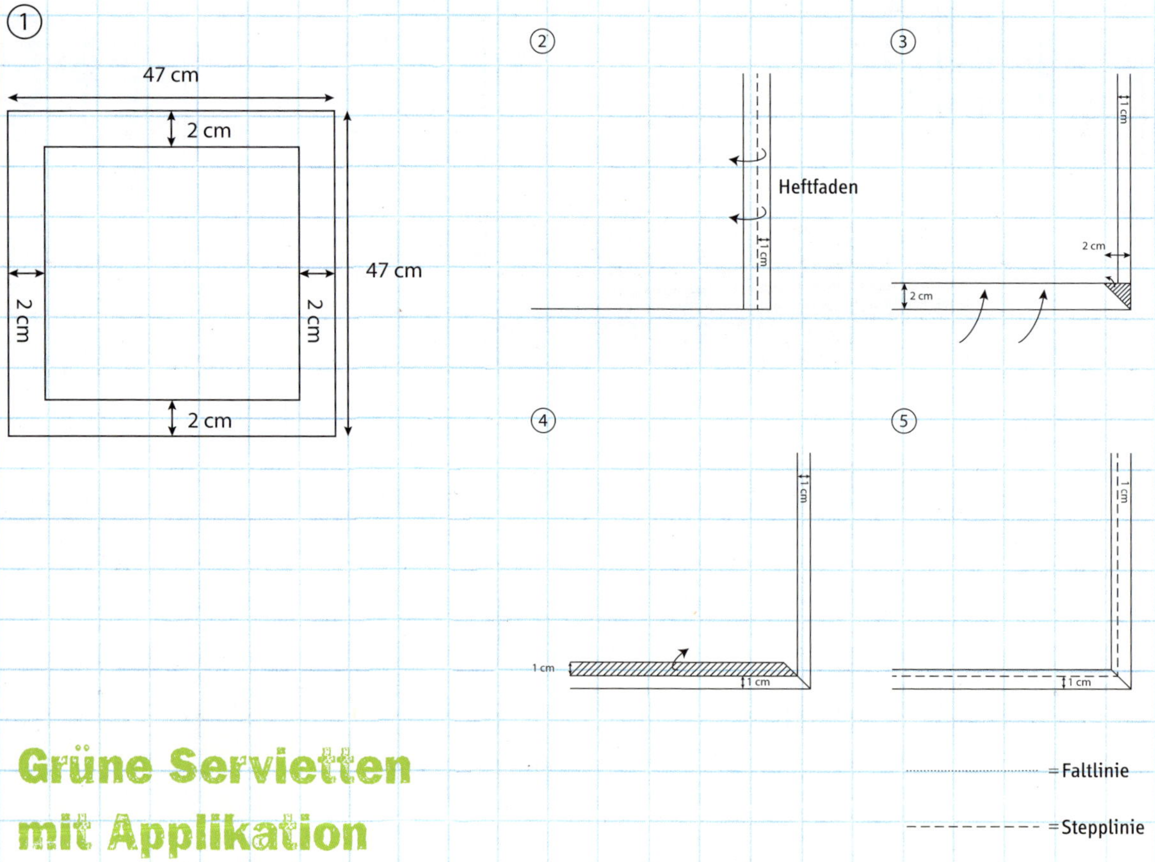


## Grüne Servietten mit Applikation

So wird's gemacht:

Die grünen Servietten werden genauso gearbeitet wie die gelb gestreiften, zum Schluss erhält der unifarbene Stoff jedoch noch eine fröhliche Applikation.

Dafür die gewünschte Form jeweils einmal grob aus einem Stoffrest und aus Vliesofix® ausschneiden. Die Bügeleinlage auf die Applikation aufbügeln und sauber ausschneiden.

Das Schutzpapier des Vliesofix® entfernen und die Applikation auf die Serviette aufbügeln. Die Applikation rundherum in kleinen Stichen mit Stickgarn festnähen.

FORTNUM & MASON
FORTNUM'S
ROSE
BISCUITS
250g e 8.8oz
FORTNUM & MASON

# TISCHSET

**UM DIE TISCHDECKE VON SEITE 48 ZU VEREDELN ODER EINFACH FÜR DEN ALLTAGSGEBRAUCH AUF DER BLANKEN TISCHPLATTE. JEDER FINDET DURCH DIE INDIVIDUELLEN APPLIKATIONEN SEINEN PLATZ.**

## ★ Das braucht man: ★

FÜR EIN TISCHSET VON 32 CM X 45 CM
MIT EINER SAUMBREITE VON 5 CM:

- FESTER STOFF, 44 CM X 57 CM (INKL. NAHTZUGABE)
- NÄHGARN
- STECKNADELN

EIN BREITER SAUM SIEHT NICHT NUR SEHR SCHÖN AUS, ER VERSTÄRKT DAS TISCHSET AUCH SO, DASS SICH SEINE RÄNDER NICHT AUFROLLEN. DAFÜR ZUSÄTZLICH 12 CM IN LÄNGE UND BREITE (SAUM + NAHTZUGABE) BERECHNEN.

## So wird's gemacht:

- Den Stoff waschen und bügeln.
- Stoff zuschneiden.
- Alle Stoffkanten mit Zickzackstich versäubern, damit sie nicht ausfransen.
- Alle Stoffkanten 1 cm nach innen falten und die Säume glatt bügeln (Zeichnungen 1 und 2 auf Seite 60).
- Nun eine Kante 5 cm nach innen falten und bügeln, anschließend feststecken oder zusammenheften (3).
- Das Tischset mit 6 cm Abstand zum oberen Stoffrand unter das Nähmaschinenfüßchen legen. Den Saum in einem Abstand von 0,5 cm zur Innenkante und ca. 6 cm zur Oberkante mit Steppstich feststeppen.
- Die untere Stoffkante 6 cm nach innen falten.
- Die untere Kante schräg (als Dreieck) nach innen falten und das markierte Stückchen wegschneiden (4 und 5).
- Den Saum 1 cm nach innen falten und den Stoffüberschuss wegschneiden (6).
- Langsam bis 5 cm vor die Unterkante weitersteppen. Die Nadel im Stoff lassen, das Füßchen anheben und das Nähteil um 90° drehen.
- Den Saum bis ca. 6 cm vor die Kante steppen und bei den verbleibenden Ecken die oben beschriebenen Arbeitsschritte wiederholen (7).
- Die Ecknähte durchsteppen.

# 01/ HOME IS WHERE YOUR HAPPY IS

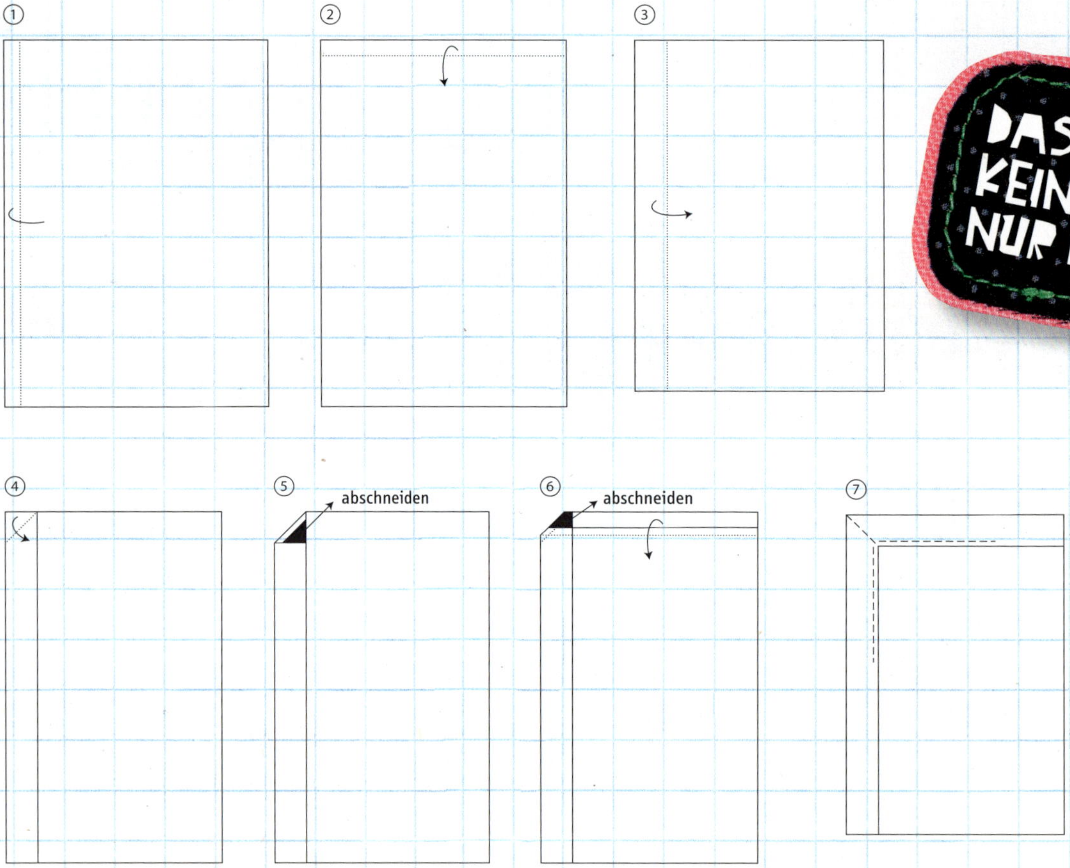


= Faltlinie

= Stepplinie

## ★ Das braucht man: ★

FÜR DIE APPLIKATION:

- STOFF MIT EINEM AUSSERGEWÖHNLICHEN MOTIV
- ODER STOFFREST, AUS DEM MAN SELBST EINE BESTIMMTE FORM AUSSCHNEIDET
- VLIESELINE® ZUM AUFBÜGELN ODER VLIESOFIX®, DAS AUF BEIDEN SEITEN KLEBT
- NÄHGARN

Wie man selbst eine Applikation anfertigt:

- Das Motiv mit einem Quadrat, Rechteck oder Kreis umreißen und grob ausschneiden.
- In gleicher Größe ein Stück Vlieseline® zuschneiden.
- Den Stoff auf die Klebeseite der Vlieseline® legen und einige Minuten bei höchster Stufe, aber ohne Dampf aufbügeln.
- Die Applikation mit einer spitzen, kleinen Schere sauber ausschneiden.
- Die Applikation entweder von Hand mit kleinen Stichen oder mit der Nähmaschine (Zickzack- oder Steppstich) feststeppen.

# TIPPS

- Ein Tischset lässt sich mit einer Applikation sehr individuell gestalten.
- Vor der Verarbeitung den Stoff waschen. Dann läuft er garantiert nicht mehr ein, wenn das Nähteil fertig ist. Außerdem serviert man sein Essen doch auch lieber auf sauberem Untergrund ...

# ELEFANTEN, HERZEN UND JEDE MENGE MEHR ...

**ES MACHT GROSSEN SPASS, DIESE DINGE ZU BASTELN – UND MAN BRAUCHT NICHT EINMAL EINE NÄHMASCHINE DAFÜR! EINFACH MOTIVE AUF STOFF AUFZEICHNEN ODER AUS EINEM ENTSPRECHENDEN GEDRUCKTEN MOTIV AUSSCHNEIDEN. DARAUS LASSEN SICH LUSTIGE KUSCHELTIERE, SCHLÜSSELANHÄNGER, MOBILES, WEIHNACHTSDEKORATION UND MEHR FERTIGEN. PERFEKTE KLEINE GESCHENKE!**

### ★ Das braucht man: ★

- SCHNITTMUSTER SIEHE SEITE 138–139
- BAUMWOLLSTOFF, RESTE
- FILZ, RESTE
- BÄNDER
- KNÖPFE
- KORDELN UND SCHNÜRE
- NÄHGARN
- FÜLLWATTE

Hinten im Buch findet sich eine Reihe von Schnittmustern. Man kann auch Vorlagen frei Hand zeichnen, sie aus einem Buch oder aus dem Internet kopieren und sich darüber hinaus kreativ mit Ausstecherformen für Plätzchen, Sandkastenformen usw. austoben.

## Stoffherzen

So wird's gemacht:

- Das Schnittmuster von Seite 138 auf (Schnittmuster-) Papier zeichnen und ausschneiden.
- Das Schnittteil auf Stoff feststecken und mit einem (Aqua-)Trickmaker übertragen. Mit einer Nahtzugabe von 1 cm ausschneiden.
- Die Rückseite des Herzens genauso zuschneiden, eventuell aber aus einem anderen Stoff.
- Die Vorder- und Rückseite rechts auf rechts aufeinanderlegen.
- Ein Band von ca. 10 cm Länge doppelt legen und die Schlaufe so zwischen die Stofflagen schieben, dass sie im Innern des Herzens liegt.
- Die Herzen zusammenheften (mit Stecknadeln oder Heftfaden).
- Die beiden Herzen entweder von Hand oder mit der Nähmaschine mit Steppstich zusammennähen, dabei zum Wenden eine kleine Öffnung lassen.
- Das Herz wenden, mit Füllwatte füllen und die Öffnung mit Überwendlings- oder Festonstich schließen.
- Nach Wunsch die Nahtränder mit Überwendlingsstich verstärken.
- Eine perfekte Übung für das Nähen von Hand!

Ideal zum Handnähen

## Weihnachtsherzen aus Filz

Bei der Gestaltung dieser Herzen können Sie Ihrer Kreativität freien Lauf lassen. Schneiden Sie z.B. kleinere Herzen aus einem Stück Filz und nähen Sie sie mit Kreuzstich oder Schrägstich in die Mitte eines größeren Herzens. Verwenden Sie bei ganz kleinen Herzchen am besten Textilkleber.

Die Silhouette des Herzens lässt sich mit Feston- oder einem Schrägstich herausarbeiten. Oder nähen Sie mit Steppstich rundherum ein Schrägband oder eine Borte an.

In die Mitte können Sie den Namen Ihres Schatzes oder eine von Herzen kommende Nachricht sticken. Oder Sie verdecken die Stelle, an der die Schlaufe im Herz verschwindet, mit einer Heftzwecke.

### TIPP

Der Festonstich ist ein sehr beliebter Zierstich. Er ist einfach in der Ausführung und rundet kleine, einfache Näharbeiten sehr dekorativ ab.

## Elefanten-Mobile

So wird's gemacht:

- Das Schnittmuster von Seite 139 auf (Schnittmuster-)Papier aufzeichnen und ausschneiden.
- Das Körper-Schnittteil auf Filz feststecken und mit einem (Aqua-)Trickmaker übertragen. Das Muster zweimal ohne Nahtzugabe aus dem Filz ausschneiden.
- Die beiden Ohren aus einem beliebigen Stück Stoff zuschneiden und je eines mit Überwendlingsstich an die Kopfseite des Elefanten nähen.
- Auf jede Kopfseite einen Knopf als Auge aufnähen.
- Die beiden Elefantenkörper-Teile links auf links aufeinanderlegen und mit Überwendlingsstich rundherum zusammennähen. Dabei eine kleine Öffnung lassen.
- Den Elefanten mit Füllwatte füllen und die Öffnung schließen.

### IDEE

Arbeiten Sie vier unterschiedliche Elefanten und machen Sie ein Mobile daraus:
Dafür jeweils vor dem Zusammennähen eine kleine Bandschlaufe in den Rücken des Elefanten stecken und mit einem kleinen Knopf verzieren.
Zwei Plastikstäbe mit Raffia- oder Klebeband umwickeln und zu einem Kreuz verbinden.
Die Elefanten jeweils an die Stabenden binden.
In der Kreuzmitte etwas Schnur zum Aufhängen anbringen.

# NADELBÜCHLEIN

**EIN NADELKISSEN IST ZWAR SCHÖN, ABER EIN NADELBÜCHLEIN AUS FILZ IST ORIGINELLER.**

## ★ Das braucht man: ★

- DÜNNER KARTON, 35 CM X 14 CM
- BAUMWOLLSTOFF FÜR AUSSEN, 38 CM X 18 CM
- BAUMWOLLSTOFF FÜR INNEN, 35 CM X 14 CM
- FILZ IN PASSENDEN FARBEN, 26 CM X 14 CM UND 20 CM X 14 CM
- NÄHGARN
- STICKGARN
- TEXTILKLEBER

So wird's gemacht:

- Textilkleber auf eine Kartonseite auftragen und mitten auf den äußeren Buchumschlagstoff legen. Gut andrücken.
- An jeder Kante ein Dreieck wegschneiden, damit der Stoff ohne Beule nach innen umgeschlagen werden kann. Die Ränder mit Textilkleber festkleben und gut trocknen lassen.
- Alle Stoffkanten für die Buchinnenseite 1 cm nach innen falten und mit Steppstich feststeppen.
- Den Stoff für die Innenseite mit Textilkleber auf den Karton kleben und gut trocknen lassen. Das Buch mittig falten.
- Die Filzstücke in die Mitte des Buches legen.
- Mit sechsfädigem Stickgarn festnähen, dabei jeweils durch den Karton stechen und am Schluss in einem Knoten enden.

Goldspun

# EINFACHER KISSENBEZUG

**EINEN KISSENBEZUG ZU NÄHEN IST EINE EINFACHE SACHE. DIESE ANLEITUNG HIER IST WIRKLICH KINDERLEICHT, UND DAS ERGEBNIS WIRD BEI ALLEN BEWUNDERUNG FÜR DAS SCHÖNE NEUE KISSEN AUSLÖSEN.**

## ★ Das braucht man: ★

FÜR EIN KISSEN VON 50 CM X 50 CM:

- BAUMWOLLSTOFF, 2X 53 CM X 53 CM (INKL. NAHTZUGABE)
- NÄHGARN
- 1 INNENKISSEN, 50 CM X 50 CM (ODER EINE ANDERE KISSENFÜLLUNG)

Diese einfache Kissenhülle lässt sich vielfach variieren. Die Vorder- und Rückseite kann aus demselben Stoff, aber auch aus unterschiedlichen Stoffen bestehen. Auch die Größe ist variabel. Beim Zuschneiden an allen vier Seiten immer je 3 cm Nahtzugabe hinzurechnen.

## So wird's gemacht:

- Den Stoff waschen und bügeln.
- Den Stoff zuschneiden.
- Die Stoffkanten jeweils mit Zickzackstich versäubern, damit sie nicht ausfransen.
- Die beiden Stoffteile rechts auf rechts aufeinanderlegen und feststecken. Die Stecknadeln müssen dabei quer zur Nährichtung liegen, damit man sie mit der Nähmaschine einfach übernähen kann. Alternativ die Stoffteile mit Heftgarn zusammenheften.
- Drei Seiten mit Steppstich im Abstand von 1,5 cm zur Kante feststeppen.
- Die vierte Seite ebenso arbeiten, jedoch für die Füllung bzw. das Kissen eine Öffnung lassen.
- Eventuell den Stoff an den Ecken schräg abschneiden, das ergibt schönere Ecken.
- Den Bezug wenden.
- Das Innenkissen oder die Füllung hineinstopfen.
- Die beiden offenen Stoffkanten nach innen falten und die Öffnung mit dem Steppstich der Nähmaschine im Abstand von 2 mm zum Rand zusteppen. Oder die Öffnung von Hand mit Festonstich verschließen.

# KISSENBEZUG MIT KLAPPE

**AUCH DIESER KISSENBEZUG IST NICHT WIRKLICH SCHWER ZU NÄHEN, HAT ABER DAS GEWISSE ETWAS. DIE BEZÜGE KÖNNEN DASSELBE MOTIV ODER AUCH ABWECHSELND ZWEI VERSCHIEDENE MOTIVE HABEN.**

## ★ Das braucht man: ★

FÜR EIN KISSEN VON 40 CM X 40 CM UND EINER 20 CM BREITEN KLAPPE:

- BAUMWOLLSTOFF, 42 CM X 42 CM (INKL. NAHTZUGABE)
- BAUMWOLLSTOFF, 42 CM X 81 CM (INKL. NAHTZUGABE)
- BAUMWOLLSTOFF FÜR DIE BÄNDER, 2X 30 CM X 3 CM
- 2 TRANSPARENTE DRUCKKN¨PFE
- KNÖPFE
- NÄHGARN
- 1 INNENKISSEN, 40 CM X 40 CM (ODER EINE ANDERE KISSENFÜLLUNG)

## TIPP

Damit die Ecken schön gerade werden, schneidet man am besten vor dem Wenden in jeder Ecke kleine Dreiecke im 45 Grad-Winkel weg. Dabei darauf achten, nicht in die Naht zu schneiden.

## So wird's gemacht:

- Den Stoff waschen, bügeln und zuschneiden.
- Alle Stoffkanten (bis auf die Stoffstreifen) mit Zickzackstich versäubern, damit sie nicht ausfransen.
- Bei dem quadratischen Stoffstück eine Kante 1 cm nach innen falten, bügeln und mit Steppstich feststeppen.
- Bei dem rechteckigen Stoffstück die kurzen Kanten 1 cm nach innen falten, bügeln und mit Steppstich feststeppen.
- Den Stoff an der Steppnaht rechts auf rechts 20 cm nach außen falten, heften (mit Stecknadeln oder Heftfaden). Das wird die Klappe des Kissens.
- Die Seitennähte feststeppen und die Klappe wenden. Mit Steppstich die offene Kante steppen.
- Das quadratische Stoffstück rechts auf rechts auf das rechteckige Stoffstück legen, dabei zeigt die Steppnaht des Stoffquadrats nach oben. Heften (mit Stecknadeln oder Heftfaden).
- Die Seiten und die untere Kante des Kissenbezugs steppen. Den Bezug wenden.
- Innen an die Klappe zwei Druckknöpfe annähen.
- Für die Bänder die langen Kanten der Stoffstreifen nach innen falten und noch einmal längs mittig falten. Auch die kurzen Kanten nach innen falten. Mit Steppstich feststeppen.
- Aus den Bändern je eine Schleife binden und diese an der Außenseite über die Druckknöpfe nähen.

# EDLER KISSENBEZUG

**UM KISSENBEZÜGE NOCH LUXURIÖSER ZU GESTALTEN, EMPFIEHLT SICH VLIESELINE® ZUR VERSTÄRKUNG.**

## ★ Das braucht man: ★

FÜR EIN KISSEN VON 50 CM X 50 CM:

- BAUMWOLLSTOFF FÜR DIE VORDERSEITE, 52 CM X 52 CM (INKL. NAHTZUGABE)
- BAUMWOLLSTOFF FÜR DIE RÜCKSEITE, 4X 52 CM X 30 CM
- VLIESELINE® ZUM AUFBÜGELN, 2X 52 CM X 30 CM
- ELASTISCHE RUNDSCHNUR, 4X 10 CM
- 2 GROSSE HOLZKNÖPFE
- NÄHGARN
- 1 INNENKISSEN, 50 CM X 50 CM (ODER EINE ANDERE KISSENFÜLLUNG)

## TIPP

Für Kissenbezüge immer dünne Vlieseline® verwenden und auf höchster Stufe ohne Dampffunktion bügeln. Bei teuren Stoffen die Vlieseline® vorzugsweise im Fadenlauf aufbügeln. Um herauszufinden, welche Richtung richtig ist, die Bügeleinlage an zwei Stellen ein wenig einreißen.

## So wird's gemacht:

- Den Stoff waschen, bügeln und zuschneiden.
- Alle Stoffkanten mit Zickzackstich versäubern, damit sie nicht ausfransen.
- Auf zwei Stoffstücke (52 cm x 30 cm) je ein Stück Vlieseline® bügeln.
- Je ein Stoffstück mit und ohne Vlieseline® rechts auf rechts aufeinanderlegen.
- Für die „Knopflöcher" die Schnüre paarweise so zwischen eine Kante stecken, dass je beide Schnurenden nach außen zeigen. Die Kanten feststeppen, dabei eine Öffnung lassen. Das Teil wenden und die Nähte schön glatt bügeln.
- Das andere Rückseitenteil mit Steppstich mit 1 cm Abstand zur Kante steppen und wenden.
- Die Rückseitenteile rechts auf rechts einander überlappend auf das quadratische Vorderteil legen. Erst das Teil mit den Knopflöchern auflegen, dann das andere. Alle Ränder heften (mit Stecknadeln oder Heftfaden).
- Die Rückseitenteile im Abstand von 1 cm zur Kante mit Steppstich steppen.
- Den Bezug wenden.
- Die Knöpfe an das untere Rückseitenteil nähen.
- Das Innenkissen in den Bezug stecken und diesen mit den Knöpfen verschließen.

# STOFFBEUTEL

**SOLCHE STOFFBEUTEL SIND SEHR PRAKTISCH, SEI ES FÜR SCHMUTZWÄSCHE ODER FÜR MEHR PLATZ IM KLEIDERSCHRANK. MAN KANN BELIEBIGE STOFFE WÄHLEN: LUSTIGE DRUCKE, RETRO-MOTIVE ODER AUCH KONTRASTIERENDE KOMBINATIONEN. DIE RÄNDER KÖNNEN MIT BORTEN ODER SPITZEN VEREDELT WERDEN, MAN KANN JEDEN BEUTEL MIT NAMEN VERSEHEN ODER NOCH EIN EXTRA TÄSCHCHEN AUFNÄHEN – ALLES IST ERLAUBT!**

## ★ Das braucht man: ★

FÜR EINEN BEUTEL VON 51 CM X 56 CM:

- BAUMWOLLSTOFF, 2X 53 CM X 65 CM
- BAND, 2X 125 CM
- NÄHGARN

## So wird's gemacht:

- Den Stoff waschen, bügeln und zuschneiden.
- Alle Stoffkanten mit Zickzackstich versäubern, damit sie nicht ausfransen.
- Die langen Kanten 1 cm nach innen falten, bügeln und feststeppen.
- Bei beiden Stoffstücken die obere Kante 1 cm nach innen falten und bügeln. Noch einmal 5 cm nach innen falten und bügeln. Im Abstand von 0,5 cm zur Innenkante den Saum feststeppen, sodass man einen breiten Tunnel erhält.
- Den Tunnel mit zwei Nähten (einmal 2 cm und einmal 3 cm zur Kante) verschmälern.
- Die Stoffstücke rechts auf rechts so aufeinanderlegen. dass die Tunnelöffnungen gut aneinander anschließen.
- Die Seiten sowie die Unterkante zusammenheften oder -stecken. Mit Steppstich feststeppen, dabei die Tunnelseiten offen lassen.
- Ein Stück Band mit einer Sicherheitsnadel in den Tunnel einziehen und die Enden miteinander vernähen.
- Das zweite Stück Band genauso einziehen und vernähen. So erhält man zwei Schlaufen, die jeweils durch den Tunnel verlaufen.
- Zieht man an den Bändern, schließt sich die Beutelöffnung automatisch.

Bei dem Modell mit den Hühnern wurde eine Schnur in den Tunnel eingezogen und mit einem speziellen Verschluss versehen, den man über die Schnur streifen kann. Die Schnurenden sind alternativ zu großen Perlen mit alten Garnrollen verziert.

## TIPP

Es geht noch einfacher! Den Stoff rechts auf rechts doppelt falten und an den Seiten feststeppen. Für die Öffnung die Kante 2 cm nach innen falten und eine zweite Naht im Abstand von 1 cm zur Kante steppen. Dabei eine Lücke für die Schnur aussparen. Zum Schluss eine Schnur einziehen.

# MIT NADEL UND FADEN EINGEFASST

**DIESE STICKEREIEN SIND AUCH FÜR ANFÄNGER KINDERLEICHT. MAN ÜBT DIE VERSCHIEDENEN ZIERSTICHE UND HAT GLEICH EIN SCHÖNES ERGEBNIS. PERFEKT ALS KLEINE GESCHENKE.**

★ Das braucht man: ★

- 1 BILDERRAHMEN
- PAPIER ODER DÜNNEN KARTON, IN RAHMENGRÖSSE
- BAUMWOLLSTOFF, IN RAHMENGRÖSSE + 1 CM NAHTZUGABE AN ALLEN VIER SEITEN
- JUTESTOFF ODER LEINEN, IN LÄNGE UND BREITE JEWEILS 1 CM KÜRZER ALS DER KARTON
- FILZ IN SCHWARZ
- BAUMWOLLSTOFF IN GELB, REST
- STICKGARN IN SCHWARZ, ROT UND GRÜN
- TEXTILKLEBER

So wird's gemacht:

- Den Stoff auf den Karton kleben, die Ränder umfalten und auf der Rückseite festkleben.
- Eine Katze auf Schnittmusterpapier aufzeichnen und ausschneiden (siehe Zeichnung unten). Das Schnittteil auf den schwarzen Filz stecken und ausschneiden.
- Die Katze mit schwarzem Stickgarn auf den Jutestoff nähen. Aus einigen Fäden rotem Stickgarn ein Halsband sticken.
- Einen Schmetterling aus dem Stoffrest ausschneiden und auf das Jutestück kleben.
- Mit grünem Stickgarn einen Schriftzug und Gras aufsticken.
- Das Jutestück mit großen Heftstichen in Rot auf den Karton nähen.
- Die Arbeit einrahmen.

## TIPP

Stickgarn ist nicht billig. Vielleicht haben Oma oder Tante noch Reste übrig und vielleicht noch andere Nähutensilien. In der ersten Zeit ist es sinnvoll, das teure Nähzubehör erst einmal zu leihen, statt alles sofort selbst zu kaufen.

C'est
le chat!

MIT DEM WORT „SACK“ LÄSST SICH BEI WEITEM NICHT AUSDRÜCKEN, WIE PRAKTISCH UND VIELSEITIG DIESE AUFBEWAHRUNGSHILFEN SIND: SMARTPHONE-HÜLLEN, SCHUTZHÜLLEN FÜR DEN TABLET-PC ODER DEN LAPTOP, ORIGINELLE TASCHEN FÜR ALLES, WAS MAN SO MIT SICH HERUMTRÄGT, SOGAR EIN NEUER BÜGELBRETTBEZUG LÄSST SICH NACH DIESER VORLAGE ZAUBERN. ALS MATERIAL DIENEN NEUE STOFFE, ABER AUCH ABGELEGTE KLEIDUNGSSTÜCKE, LAKEN ODER BETTBEZÜGE.

# /2 ALLES IM SACK!

# SCHUTZHÜLLEN

**IST ES NICHT FRAPPIEREND, DASS MANCHE SCHUTZHÜLLEN FÜR MOBILTELEFONE ODER IPHONES FAST SO VIEL KOSTEN WIE DAS GERÄT SELBST? WAS SICH AUF DEN NÄCHSTEN SEITEN PRÄSENTIERT, SIEHT NICHT NUR VIEL SCHÖNER AUS, ES SIND AUCH ECHTE UNIKATE. MAN KANN SICH EINE KLEINE KOLLEKTION ANFERTIGEN UND NACH LUST UND LAUNE AUSWÄHLEN.**

## ★ Das braucht man: ★

EINE SCHUTZHÜLLE FÜR EIN GERÄT VON 6,2 CM X 12 CM X 1,5 CM (B-L-H):

- STOFFVORDERSEITE, JE 8,7 CM X 14 CM – AUS OBERSTOFF UND FUTTER
- STOFFRÜCKSEITE, JE 8,7 CM X 18 CM – AUS OBERSTOFF UND FUTTER + ZUGABE FÜR DIE PASPELSTREIFEN
- VOLUMENVLIES, 8,7 CM X 32 CM
- DRUCKKNÖPFE
- NÄHGARN

### TIPP

Man kann den Stoff auch aus einem einzigen Stoffstück zuschneiden und falten. Für unser Beispiel schneidet man aus dem Ober- und Futterstoff jeweils ein Stoffstück von 8,7 cm x 32 cm zu, legt sie übereinander und faltet sie zweimal, sodass die Hülle entsteht.

## Erstes Modell

So wird's gemacht::

- Den Stoff waschen und bügeln.
- Den Oberstoff, den Futterstoff und das Volumenvlies zuschneiden.
- Für die Vorderseite das Volumenvlies auf den Oberstoff bügeln. Beide Stoffe rechts auf rechts aufeinanderlegen und an einer schmalen Kante feststeppen. Das wird die Oberkante der Hülle.
- Rechts und links die Seiten mit Zickzackstich feststeppen. Das Nähteil wenden.
- Die Rückseite der Hülle ebenso arbeiten. Die abgesteppte schmale Kante ist der untere Rand der Klappe.
- Die Vorder- und die Rückseite so aufeinanderlegen, dass das Innenfutter nach außen zeigt. Die Seitennähte und den unteren Rand mit Steppstich feststeppen.
- Die Hülle wenden.
- Aus dem Futterstoff zwei Streifen (6 cm x 3 cm) ausschneiden. Die langen Kanten 1,5 cm nach innen falten und bügeln. Eine kurze Kante 1,5 cm nach innen falten und bügeln.
- Den seitlichen Rand der Klappe jeweils etwas nach innen falten und die Paspelstreifen beidseitig daraufsteppen.
- Dann aus dem Futterstoff einen 7 cm langen und 4 cm breiten Streifen zuschneiden. Die langen Kanten 1 cm nach innen falten und bügeln. Die Seitenränder 0,5 cm nach innen falten und glatt bügeln. Den Streifen mittig falten und bügeln. Das so entstandene Paspelband über den unteren Rand der Klappe schieben, anheften und mit Steppstich festnähen.
- An der Innenseite der Klappe zwei Druckknöpfe annähen

Vorderseite:
.......... cm hoch + .......... cm dick + 2 cm Naht = .......... cm

.......... cm breit + .......... cm dick + 2 cm Naht = .......... cm

= .......... cm x .......... cm aus Ober- und Futterstoff

Rückseite:
.......... cm hoch + .......... cm dick + 5 cm Klappe + 2 cm Naht = .......... cm

.......... cm breit + .......... cm dick + 2 cm Naht = .......... cm

= .......... cm x .......... cm aus Ober- und Futterstoff

*Wie viel Stoff braucht man für das eigene Gerät?*

## Zweites Modell

So wird's gemacht:

- Den Stoff waschen und bügeln.
- Den Oberstoff, den Futterstoff und das Volumenvlies zuschneiden. Das Volumenvlies auf den Oberstoff aufbügeln.
- Den Oberstoff der Hülle rechts auf rechts aufeinanderlegen. Die Seitenränder feststeppen und wenden.
- Den Futterstoff rechts auf rechts aufeinanderlegen und die Seitenränder feststeppen.
- Die Futterstoffhülle mit der offenen Kante gegen die Rückseite der Hülle aus Oberstoff und Volumenvlies legen. Die Klappe feststeppen.
- Die Klappe wenden und die Futterstoffhülle in die Oberstoffhülle einpassen.
- Den Stoff auf der Vorderseite der Hülle 0,5 cm nach innen falten und mit Überwendlingsstich oder einer Paspel festnähen.
- Außen an der Hülle einen Knopf annähen, verschlossen wird sie mit einem angenähten Druckknopf.

iPad
64GB

# LAPTOP-HÜLLE

## ★ Das braucht man: ★

FÜR EINE HÜLLE VON 40 CM X 30 CM, PASSEND FÜR EINEN LAPTOP MIT EINEM 15''-BILDSCHIRM:

- FUTTERSTOFF:
  - 40 CM X 86 CM
  - 50 CM X 4 CM FÜR DIE SEITLICHE PASPEL
- FESTER OBERSTOFF, 40 CM X 80 CM
- 2 STOFFSTREIFEN FÜR DIE KNOPFLÖCHER, À 12 CM X 4 CM
- VOLUMENVLIES, STÄRKE 1 CM, 40 CM X 80 CM
- 2 KNÖPFE
- NÄHGARN

*Hat Ihr Laptop ein anderes Format? Berechnen Sie, wie viel Stoff Sie benötigen:*

.......... cm Laptoplänge + 2x Laptopbreite + 2 cm Nahtzugabe links und rechts = .......... cm

.......... cm Laptoplänge + 2x Laptopbreite + 2 cm Nahtzugabe unten und 20 cm für die Klappe oben = .......... cm

.......... cm x ..........cm

So wird's gemacht:

- Den Stoff bügeln.
- Die Stoffkanten mit Zickzackstich versäubern, damit sie nicht ausfransen.
- Das Volumenvlies auf den Oberstoff aufbügeln.
- Den Futterstoff und den Oberstoff rechts auf rechts aufeinanderlegen. Der Futterstoff steht für die farbige Randeinfassung am Innenrand der Hülle 6 cm über.
- Die langen Seiten der Stoffstreifen für die Knopflöcher 0,5 cm nach innen falten und bügeln. Die Streifen der Länge nach falten, bügeln und ganz knapp entlang der offenen Kante mit Steppstich feststeppen.
- Die Streifen wenden und zu einer platten Schlaufe falten (siehe Foto). Die untere Kante mit kleinem Stich festnähen.
- Die Schlaufen so zwischen die Stofflagen legen, dass sie innen liegen und die Enden nach außen zeigen. Heften (mit Stecknadeln oder Heftfaden).
- Die Oberkante (wo die Schlaufen sitzen) mit Steppstich feststeppen.
- Die Hülle wenden, sodass das Volumenvlies innen liegt.
- Den Futterstoff unten 1 cm nach innen falten und bügeln.
- Den Futterstoff 4 cm über den Oberstoff falten, sodass eine den Rand umfassende Paspel von 2 cm Breite entsteht. Mit Steppstich im Abstand von 0,5 cm zur Kante feststeppen.
- Die Hülle mit dem Oberstoff nach außen zweimal so falten, dass die Seitenränder der Hülle eine Länge von 31 cm haben. Die Seitenränder und die Klappe mit Steppstich feststeppen.
- Die lange Kante des seitlichen Paspelbandes 1 cm nach innen bügeln.
- Das Paspelband jeweils auf die Seitennähte und die Klappe der Hülle legen und feststeppen (in der Falte).
- Das Paspelband um die Seitennähte und die Klappe legen und mit Steppstich feststeppen.
- Die Knöpfe in Höhe der Knopflöcher annähen.

## TIPP

Statt Knöpfe oder Druckknöpfe kann man Klettband nehmen. Damit es gut hält, beide Klettbandteile aufnähen, bevor man Ober- und Futterstoff aufeinandersteppt.

# TABLET-PC-HÜLLE

## Das braucht man:

FÜR EINE HÜLLE VON 30 CM X 40 CM:

- BAUMWOLLSTOFF FÜR DEN OBERSTOFF: 60 CM X 26 CM
- BAUMWOLLSTOFF FÜR DAS INNENFUTTER: 60 CM X 26 CM
- DÜNNES VOLUMENVLIES: 60 CM X 26 CM
- SCHRÄGBAND, 4 CM BREIT, 50 CM (ODER SCHRÄG ZUM FADENLAUF GESCHNITTENES BAND IN EINER KONTRASTFARBE)
- (ELASTISCHES) BAND ODER FARBIGE, ELASTISCHE RUNDSCHNUR, 15 CM
- 1 KNOPF
- NÄHGARN

## TIPP

Die selbst gemachte Hülle mit einem Wasser und Schmutz abweisenden Spray einsprühen.

So wird's gemacht:

- Den Stoff bügeln.
- Die Stoffkanten mit Zickzackstich versäubern, damit sie nicht ausfransen. Das Volumenvlies auf den Oberstoff bügeln.
- Den Ober- und den Futterstoff links auf links aufeinanderlegen. Die rechte Seite der Stoffe liegt jeweils außen, ist also sichtbar.
- Das Nähteil der Länge nach falten, sodass der Oberstoff innen liegt.
- Die Seitenränder mit Steppstich mit 1 cm Abstand zur Kante feststeppen.
- Die Hülle wenden.
- Das Schräg- oder selbst zugeschnittene Band außen an der Hüllenöffnung feststeppen. Nach innen falten und von der anderen Seite feststeppen.
- Die elastische Rundschnur zu einer großen Schlaufe legen und an der Rückseite der Hülle nähen.
- Vorne einen Knopf annähen.

Geschenktipp!

# FILZHÜLLE

**EIN WIRKLICH KINDERLEICHTES MODELL UND ÜBERHAUPT NICHT TEUER! DIESE HÜLLE IST IN WENIGEN MINUTEN FERTIG UND SCHÜTZT DEN TABLET-PC, WENN ER IRGENDWO IM ALLTAGSCHAOS MITSCHWIMMT. JE AUFFÄLLIGER DIE HÜLLENFARBE, DESTO LEICHTER FINDET MAN IHN WIEDER.**

★ Das braucht man: ★

FÜR EINE HÜLLE VON 30 CM X 24 CM:
- FESTEN FILZ, 61 CM X 25 CM
- STICKGARN

Und so wird's gemacht:

- Das Filzstück auf die Hälfte falten.
- Die Seitenränder mit Festonstich umsäumen.

## TIPP

Um der Hülle einen persönlichen Touch zu geben, kann man eine Applikation aufnähen.

# KRIMSKRAMSBEUTEL FÜR DIE HANDTASCHE

GROSSE HANDTASCHEN SIND EINE TOLLE SACHE. NUR SCHADE, DASS KLEINE DINGE DARIN HÄUFIG AUF IMMER ZU VERSCHWINDEN SCHEINEN UND MAN SIE GERADE, WENN MAN SIE AM DRINGENDSTEN BRAUCHT, NICHT WIEDERFINDET. DARUM IST EIN KRIMSKRAMSBEUTEL FÜR AUGENKONTURENSTIFTE, SICHERHEITSNADELN, HAARBÄNDER, PFLASTER, KOPFSCHMERZTABLETTEN, TAMPONS, LIPPENSTIFTE, EIN MINIFLÄSCHCHEN BODYLOTION ODER EIN MINI-NÄHSET DIE PERFEKTE LÖSUNG. DAS EINZIGE, WAS MAN DANN NICHT MEHR VERGESSEN DARF, IST, DEN BEUTEL VON DER EINEN HANDTASCHE IN DIE ANDERE ZU BEFÖRDERN!

★ Das braucht man: ★

FÜR EINEN BEUTEL VON 21 CM X 26 CM:

- BAUMWOLLSTOFF, 23 CM X 28 CM (ODER IN PERSÖNLICH BEVORZUGTEN MASSEN)
- KNÖPFE
- KORDEL ODER SCHNUR
- HOLZPERLEN
- NÄHGARN

## Krimskramsbeutel „Blumen & Punkte“

So wird's gemacht:

- Den Stoff waschen und bügeln.
- Stoff zuschneiden.
- Die Stoffkanten mit Zickzackstich versäubern, damit sie nicht ausfransen.
- Den Stoff mit kleinen Knöpfen verzieren.
- Den Stoff quer zur Länge mittig rechts auf rechts zusammenfalten und die Seitenränder mit Steppstich feststeppen. An beiden Seiten an der Öffnung 4 cm aussparen.
- Den Beutel wenden.
- Die obere Kante 2 cm nach innen falten und mit Steppstich im Abstand von 1,5 cm zum Rand feststeppen.
- Die Schnur oder die Kordel durch den Tunnel ziehen und die Holzperlen an den Enden befestigen.

★ Das braucht man: ★

- BAUMWOLLSTOFF, 2X 11 CM X 33 CM (INKL. NAHTZUGABE)
- SATINKORDEL
- PERLEN ODER METALLSPIRALPERLEN
- NÄHGARN

# Make-up-Täschchen

So wird's gemacht:

- Den Stoff waschen und bügeln.
- Stoff zuschneiden.
- Die Stoffkanten mit Zickzackstich versäubern, damit sie nicht ausfransen.
- Den Stoff rechts auf rechts zusammenlegen und die untere Kante sowie die Seitenränder bis ca. 3 cm unterhalb der Oberkante feststeppen.
- Das Täschchen wenden.
- Den oberen Rand 1,5 cm nach innen umschlagen und mit Steppstich feststeppen.
- Die Kordel durch den Tunnel ziehen und die Enden mit Perlen oder Metallspiralperlen verzieren.

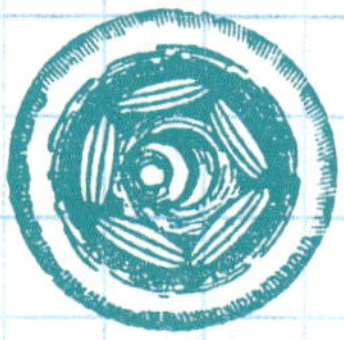

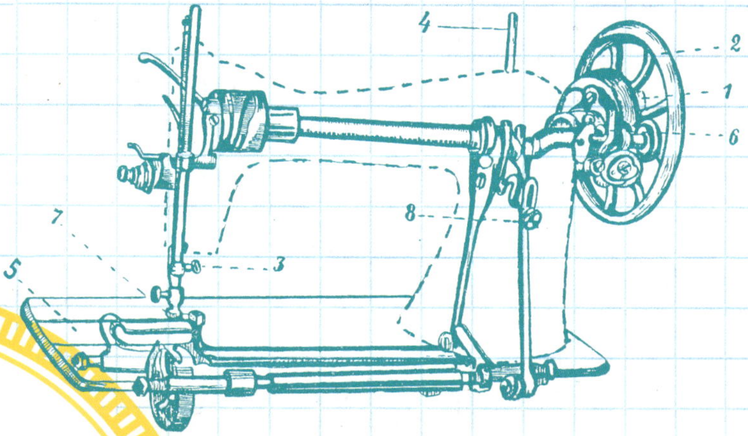


## TIPP

Um einen bestimmten Schnitt auszuprobieren, sollte man die Vorlage erst einmal aus alten Kleidungsstücken, Laken oder Gardinen nähen. Üben und Ausprobieren ist absolut notwendig! Es wäre doch schade, schönen Stoff für das echte Stück zu verhunzen.

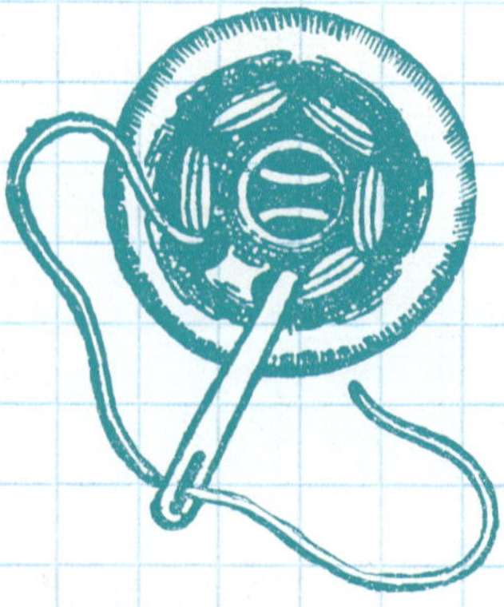

Das Angenehme mit dem Nützlichen verbinden ...

# BÜGELBRETTBEZUG

**ES GIBT SIE ZWAR, DIE SCHÖNEN BEZÜGE FÜR DAS BÜGELBRETT – ABER NUR, WENN MAN SIE SICH SELBST MACHT! DAFÜR NIMMT MAN DEN AKTUELLEN BEZUG AUSEINANDER. SO KANN MAN DIE GUMMILITZE WIEDERVERWENDEN UND SIEHT GLEICH, WIE DER BEZUG AUFGEBAUT IST. NUN KANN'S LOSGEHEN, FREUNDE MIT NEUEN, PEPPIGEN BÜGELBRETTBEZÜGEN ZU ÜBERRASCHEN!**

## ★ Das braucht man: ★

FÜR EIN BÜGELBRETT VON 125 CM X 40 CM:

- PEPPIGER BAUMWOLLSTOFF, 150 CM X 62 CM (INKL. NAHTZUGABE)
- GUMMILITZE, 1 CM BREIT, 400 CM
- NÄHGARN
- 1 KLEMME ZUM BEFESTIGEN DER GUMMILITZE (KURZWARENGESCHÄFT ODER CAMPINGBEDARF)

Peppen Sie den Bezug mit lustigen Druckmotiven von Äpfeln, Kirschen, Waldszenen, Bambis, Pilzen oder Blümchen auf – kurz mit allem, was einem das Bügeln leichter von der Hand gehen lässt!

## So wird's gemacht:

- Den Stoff waschen und bügeln.
- Den alten Bezug vom Bügelbrett ziehen, ganz glatt auslegen und den neuen Stoff darauflegen. Heften (mit Stecknadeln oder Heftfaden).
- Den neuen Stoff mit einer Nahtzugabe von 8 cm rundherum zuschneiden.
- Alle Stoffkanten mit Zickzackstich versäubern, damit sie nicht ausfransen.
- Den Rand 1,5 cm nach innen falten und heften oder mit Nadeln feststecken. Den Rand mit Steppstich feststeppen, dabei am Ende 2 cm für die Gummilitze aussparen.
- Die Gummilitze mit einer Sicherheitsnadel in den Rand einziehen, dabei am Anfang und am Ende je ein Stück herausgucken lassen.
- Die Enden der Gummilitze miteinander vernähen und mithilfe der Klemme sichern. Die Gummilitze nicht kürzen! So lässt sich der Bezug leichter über das Bügelbrett ziehen und später auch besser bügeln.
- Den Bezug auf das Bügelbrett ziehen.

## TIPP

Falls Ihr Bügelbrett andere Maße hat, den alten Bezug ausmessen und jeweils 16 cm zur Länge und Breite hinzurechnen.

## TIPP

Bei manchen Bügelbrettern liegt eine Moltonunterlage unter dem Bezug. Sollte das bei Ihnen nicht so sein, ziehen sie den neuen Bezug doch einfach über den alten oder schneiden Sie ein Stück Molton in Größe des Bügelbrettes zu.

MAN MUSS WIRKLICH KEIN GROSSER KÜNSTLER AN DER NÄHMASCHINE SEIN, UM SEINER KLEIDUNG ODER SEINEN WOHNACCESSOIRES EINEN VÖLLIG ANDEREN LOOK ZU VERPASSEN. WAS MAN DAZU VOR ALLEM BRAUCHT, IST FANTASIE. UND DANN KANN MAN SICH AUF DIE SUCHE NACH STOFFEN, PERLEN, KNÖPFEN UND BÄNDERN MACHEN, MIT DENEN MAN DEN ALTEN LANGWEILERN EIN FRISCHES, NEUES AUSSEHEN GIBT. DAS MACHT SIE NICHT NUR SCHÖNER, SIE WERDEN AUCH STÜCK FÜR STÜCK UNIKATE, DIE ES NUR EINMAL AUF DER WELT GIBT!

# 13 KLEIDER MACHEN LEUTE

# BABYSHIRT MIT NAMENSAPPLIKATION

**EIN WUNDERSCHÖNES GESCHENK ZUR GEBURT. IM FACHHANDEL LÄSST MAN BÜGELETIKETTEN MIT DEM NAMEN DES NEUANKÖMMLINGS ANFERTIGEN UND VERSCHÖNERT DAMIT EIN BABYSHIRT, EINEN WASCHLAPPEN ODER EIN HANDTUCH. DIE RESTLICHEN BÜGELETIKETTEN LEGT MAN BEI DER GESCHENKÜBERGABE ZUR SPÄTEREN VERWENDUNG GLEICH DAZU. SEHR EINFACH, ABER WIRKUNGSVOLL!**

## ★ Das braucht man: ★

- 1 KLEIDUNGSSTÜCK, WASCHLAPPEN ODER HANDTUCH
- 1 ROLLE BÜGEL- ODER WÄSCHEETIKETTEN MIT DEM NAMEN DES NEUGEBORENEN ODER EINEM BELIEBIGEN ANDEREN AUFDRUCK
- BEDRUCKTER STOFF, AUS DEM MAN APPLIKATIONEN HERAUSSCHNEIDEN KANN, REST
- VLIESOFIX®, REST
- NÄHGARN

## So wird's gemacht:

- Die Etiketten auf das Teil aufbügeln oder aufnähen, das man verschönern möchte, etwa wie hier am unteren Rand eines T Shirts. Die Etiketten mindestens an einer Kante mit winzigen Stichen festnähen, damit sie sich nicht lösen.
- Aus dem bedruckten Stoff ganz grob ein Motiv ausschneiden, dabei deutlich größer schneiden als das Motiv. Vliesofix® ebenso groß zuschneiden und auf den Stoff bügeln.
- Die Applikation mit einer spitzen, kleinen Schere sauber ausschneiden.
- Die Applikation auf das Wunschteil aufbügeln und zum Schluss noch einmal mit sehr kleinen Stichen rundherum festnähen.

Vincent Property

# SELBST GEMACHTE APPLIKATIONEN

**APPLIKATIONEN GEBEN EINEM KLEIDUNGSSTÜCK ODER ACCESSOIRE DAS GEWISSE, INDIVIDUELLE ETWAS. UND DABEI IST IHRE FERTIGUNG GAR NICHT SCHWER. MAN KANN ETWA EINEN MIT GROSSEN MOTIVEN BEDRUCKTEN STOFF NEHMEN, EIN EINZELNES MOTIV AUSSCHNEIDEN UND ALS BLICKFANG VERARBEITEN. ODER MAN SCHNEIDET AUS KLEIN GEMUSTERTEN STOFFEN LUSTIGE FIGUREN AUS.**

## ★ Das braucht man: ★

- BEDRUCKTE STOFFE, RESTE
- VLIESELINE® ZUM AUFBÜGELN ODER VLIESOFIX®
- NÄH- ODER STICKGARN

## So wird's gemacht:

- Das Motiv großzügig umreißen und als geometrische Form (Dreieck, Quadrat, Rechteck oder Kreis) ausschneiden (keine kleinen Details, wie z. B. einzelne Tierbeine).
- Die Vlieseline® in der gleichen Größe zuschneiden.
- Die Applikation auf die Klebeseite der Vlieseline® legen und eventuell ein Stück Backpapier oder ein Tuch zwischen Bügeleisen und Nähteil legen, damit der Klebstoff der Vlieseline® das Bügeleisen nicht verschmutzt.
- Das Bügeleisen auf die höchste Stufe stellen, dabei die Dampffunktion ausschalten. Das Bügeleisen einige Sekunden auf das Backpapier bzw. Tuch drücken.
- Das Bügeleisen hochnehmen und prüfen, ob die Vlieseline® bereits gut klebt.
- Die Applikation mit einer spitzen, kleinen Schere sauber ausschneiden.
- Wenn man mit Vliesofix® arbeitet, nun das Schutzpapier entfernen.
- Die Applikation auf den Stoff legen und aufnähen. Dafür entweder den Zickzackstich der Nähmaschine oder einen der vielen Stickstiche (Kreuzstich, Festonstich, Schrägstich) einstellen. Verwendet man Vliesofix®, die Applikation aufbügeln und rundherum annähen.

Auch so kann man applizieren: Mit den Stoffresten des eigenen Hochzeitskleides eine abgeschnittene Jeans verschönern.

# LUSTIGE BROSCHEN

**MIT DIESEN LUSTIGEN ANSTECKNADELN LASSEN SICH JACKEN, PULLOVER ODER TASCHEN ATTRAKTIVER GESTALTEN. SOGAR AUF SCHUHEN KANN MAN SIE BEFESTIGEN!**

★ *Das braucht man:* ★

- GEMUSTERTER STOFF, REST
- JEANSSTOFF, REST
- VLIESELINE® ZUM AUFBÜGELN
- POMPONBAND
- KNÖPFE
- NÄHGARN
- STICKGARN
- 2 BROSCHENNADELN

So wird's gemacht:

## Puppenfigur auf Jeansstoff

- Aus einem gemusterten Stoff ein Motiv ausschneiden.
- Die Vlieseline® ebenso groß ausschneiden und auf die Rückseite der Applikation bügeln.
- Ein Stück Jeansstoff ausschneiden, das ungefähr doppelt so groß ist wie das Motiv auf der Applikation, dabei am oberen und unteren Rand noch 1 cm Nahtzugabe hinzugeben.
- Die Applikation mit doppelfädigem Stickgarn in die Mitte des Jeansstücks nähen.
- Ein Stück Vlieseline® ausschneiden und auf die Rückseite des Jeansstoffs bügeln. Erst die Längsseiten nach innen falten und in der Mitte festnähen, dann die Ober- und Unterkante 1 cm nach innen falten und ebenfalls festnähen.
- Eine Broschennadel hinten auf die fertige Brosche nähen.

## Puppenfigur auf Jeansstoff – oval

- Zwei Ovale aus Jeansstoff ausschneiden, die etwas größer sind als die Applikation.
- Die Applikation auf ein Stoffstück nähen.
- Vlieseline® auf ein Jeansstoff-Ovale bügeln.
- Die beiden Ovale mit den Rückseiten aufeinanderlegen und so festnähen, dass das Pomponband mitgefasst wird.
- Eine Broschennadel hinten auf die fertige Brosche nähen.

## Blütenbrosche

- Zwei 5 cm breite und ca. 20 cm lange Stoffstreifen am besten mit einer Zackenschere zuschneiden.
- Die Streifen der Länge nach falten.
- Die langen Kanten von Hand mit großen Heftstichen zusammenheften.
- An dem Heftfaden ziehen, bis sich eine Blüte bildet.
- Beide Blüten übereinanderlegen und an der Rückseite festnähen.
- Einen Knopf in der Mitte annähen und dabei von der Rückseite fest anziehen.
- Eine Broschennadel hinten auf die fertige Brosche nähen.

### ★ Das braucht man: ★

- BAUMWOLLSTOFF, RESTE
- FILZ, REST
- 1 KNOPF
- SCHMUCKSTEINE ZUM AUFKLEBEN
- NÄHGARN
- 2 BROSCHENNADELN
- 1 SCHMETTERLINGSMOTIV (Z.B. AUS DEM INTERNET AUSDRUCKEN UND AUSSCHNEIDEN)

## Schmetterling aus Filz

- Einen Schmetterling auf Schnittmusterpapier oder dünnes Transparentpapier zeichnen, ausschneiden und mit Stecknadeln auf den Filz stecken.
- Den Schmetterling mit einem (Aqua-)Trickmarker auf den Filz übertragen, ausschneiden und nach Wunsch mit aufgeklebten Schmucksteinen verzieren.
- Den Schmetterling auf einer Broschennadel festnähen.

Eine Handarbeit für die Allerkleinsten!

Super einfach!

# TRAURINGKISSEN

**MANCHE TRAURINGKISSEN SIND SCHLICHT POTTHÄSSLICH. DIE AUSFÜHRUNG HIER KANN MAN ENTWEDER KOMPLETT SELBST GESTALTEN ODER MAN ÄNDERT EIN GEKAUFTES KISSEN NACH EIGENEN WÜNSCHEN AB.**

„Aufhübschen“ oder selbst nähen

★ Das braucht man: ★

- SPITZE, REST
- SATIN ODER ANDERER STOFF, 2X 22 CM X 22 CM
- SATINBAND, 0,5 CM BREIT, 50 CM
- NÄHGARN
- FÜLLWATTE

So wird's gemacht:

In das ultimative Trauringkissen ist der Stoff des Brautkleids oder des Bräutigam-Anzugs eingearbeitet. In der Regel sind bei beiden Kleidungsstücken noch Änderungsarbeiten erforderlich, bei denen Stoffreste anfallen. Auf Nachfrage gibt das Geschäft diese Stoffreste sicher gern heraus.

- Mit einer spitzen, kleinen Schere Muster aus dem Spitzenbesatz schneiden und auf ein Stoffstück nähen.
- Beide Stoffstücke rechts auf rechts aufeinanderlegen und die Kanten mit Steppstich im Abstand von 1 cm zum Rand feststeppen. An einer Seite eine kleine Öffnung lassen und den Kissenbezug wenden.
- Rund um das Kissen eine Ziernaht steppen.
- In der Kissenmitte zwei Satinbänder aufnähen, an denen die Ringe befestigt werden.
- Den Kissenbezug füllen und die Öffnung mit Überwendlingsstichen verschließen.

Ein selbst gemachtes Trauringkissen hat das gewisse Etwas – (Dahin schmelzend ... stolz ... mit eigener Hand gemacht!)

## TIPP

Bitten Sie Ihre Brautkleiderboutique, der Lieferung eventuelle Stoffreste beizulegen. Aus denen näht man das Trauringkissen. Besonders schön wird es, wenn das Kissen mit demselben Spitzenbesatz wie das Brautkleid verziert ist!

OB ALS SCHENKENDER ODER ALS BESCHENKTER – EIN SELBST GEMACHTES GESCHENK IST IMMER EINE SCHÖNE SACHE. IMMERHIN HAT MAN ZEIT UND MÜHE DARAUF VERWENDET, ETWAS GANZ PERSÖNLICHES ANZUFERTIGEN. SO WIRD EIN GESCHENK UM EINIGES INDIVIDUELLER UND WERTVOLLER!

# 14

# KINDER, WAS FÜR EIN SPASS!

# KISSEN „AUFHÜBSCHEN"

**KISSEN WERDEN ZU EYECATCHERN MIT EIN PAAR WOHL PLATZIERTEN BÄNDERN, KNÖPFEN, PAILLETTEN, APPLIKATIONEN, PASPELBÄNDERN, BORTEN, SCHRÄG-BÄNDERN, ZICKZACKBÄNDERN ...**

## Das braucht man:

- VERSCHIEDENE STOFFE, RESTE
- FILZ, RESTE
- BÄNDER, KNÖPFE, PAILLETTEN, APPLIKATIONEN, SCHMETTERLINGE, ANHÄNGER, BORTEN USW.
- NÄHGARN
- STICKGARN
- FÜLLWATTE
- 1 KISSENBEZUG (SELBST GEMACHT ODER GEKAUFT), HIER 43 CM X 25 CM

So wird's gemacht:

- Aus verschiedenen Stoffresten und Filzstücken Herzen ausschneiden. Die Vorlagen finden Sie auf Seite 138.
- Ein kleines Herz mit kleinen Stichen auf ein großes Herz nähen und das große Herz auf den Kissenbezug nähen.
- Die Herzen wahlweise mit einem Knopf oder einer Perle verzieren.
- Einen Kissenzipfel mit einem kleinen Anhänger versehen.
- Den Kissenbezug mit Füllwatte füllen und zunähen.

**TIPP**

Diese Art Zierkissen eignen sich meist nicht als Schlafkissen, weil man sie in der Regel nicht waschen kann.

# GROSSER UHU

**DIESER GROSSE, WEICHE UHU IST PERFEKT FÜR EINE AUTOREISE. IN DER TASCHE AUF DER KISSENRÜCKSEITE KANN MAN VIELE KLEINIGKEITEN AUFBEWAHREN, WIE Z. B. EINSCHLAFHILFEN, BÜCHER, EINE SPIELEKONSOLE, EINE FLASCHE WASSER ...**

## ★ Das braucht man: ★

- STOFF FÜR DIE VORDERSEITE, 60 CM X 40 CM
- STOFF FÜR DIE RÜCKSEITE, 60 CM X 40 CM
- STOFF FÜR DIE FLÜGEL
- STOFF FÜR DIE TASCHE, 22 CM X 35 CM (INKL. 1 CM NAHTZUGABE UNTEN UND AN DEN SEITEN SOWIE 4 CM OBEN)
- FLOCKFOLIE (AUCH BÜGELVELOURS GENANNT) IN DUNKELBLAU (AUGEN) UND ROT (SCHNABEL)
- GUMMILITZE, 2 CM BREIT, 20 CM
- 2 KNÖPFE
- NÄHGARN
- FÜLLWATTE
- SCHNITTMUSTERPAPIER
- (AQUA-)TRICKMAKER

## TIPP

Der Uhu hier besteht aus dehnbarem Baumwoll-Jersey, der sich leicht verarbeiten lässt. Normaler Baumwollstoff eignet sich ebenso gut und zum Üben kann man ein altes T-Shirt zerschnippeln.

## So wird's gemacht:

- Den Stoff waschen und bügeln.
- Die Uhuvorlage (siehe Seite 140) auf Schnittmusterpapier übertragen und ausschneiden.
- Das Schnittteil auf den Stoff für die Vorderseite stecken, übertragen und mit 1 cm Nahtzugabe ausschneiden. Das Schnittteil aus dem Stoff für die Rückseite entsprechend ausschneiden.
- Die Stoffkanten mit Zickzackstich versäubern, damit sie nicht ausfransen.
- Die Augen und den Schnabel aus Flockfolie ausschneiden (ohne Nahtzugabe) und sie nach Herstellerangaben auf dem Vorderteil des Uhus aufbringen.
- Die Knöpfe in die Mitte der Augen nähen.
- Die Flügel insgesamt viermal aus einem anders gemusterten Stoff (etwa Baumwoll-Jersey) ausschneiden und die Schnittkanten mit Zickzackstich versäubern.
- Je zwei Flügel rechts auf rechts aufeinanderlegen und feststecken oder zusammenheften. Mit Steppstich ringsherum feststeppen, dabei eine Wendeöffnung lassen.
- Die Flügel wenden und eine lange Seite auf das Uhu-Vorderteil nähen. Beim zur Mitte liegenden Flügelrand im Abstand von 0,2 cm zur Kante Flügel und Oberstoff durchsteppen, an den Körperrändern unten und oben nur ein kleines Stück des Flügels steppen (also nicht den Oberstoff mitsteppen, es soll eine Einschubtasche entstehen).

➜

- Die Stoffkanten der Tasche hinten mit Zickzackstich versäubern.
- Die obere Stoffkante der Tasche 1 cm nach innen falten und bügeln. Erneut 3 cm nach innen falten und bügeln.
- Den Taschenrand so feststeppen, dass ein 2 cm breiter Tunnel entsteht.
- Eine Gummilitze in den Tunnel ziehen und an beiden Seiten so festnähen, dass der Taschenrand etwas gekräuselt wird. Den Taschenstoff an beiden Seiten sowie unten 1 cm nach innen falten und den Saum bügeln.
- Die Tasche mit Stecknadeln auf die Rückseite des Uhus stecken oder mit Heftfaden anheften. Die Tasche rechts, links und unten mit Steppstich feststeppen.
- Vorderseite und Rückseite des Uhus rechts auf rechts aufeinanderlegen, feststecken oder zusammenheften und mit Steppstich feststeppen. Am unteren Rand eine 10 cm breite Wendeöffnung lassen.
- Den Uhu wenden und mit Füllwatte füllen. Die Öffnung mit Blindstich verschließen.

# SCHMUSE-EULE

**DIESE EULE WIRD FÜR JEDES KIND GARANTIERT SOFORT ZUM LIEBLINGSSCHMUSE-KISSEN. UND SIE IST IM HANDUMDREHEN GEMACHT!**

IDEAL FÜR NÄHEINSTEIGER!

## ★ Das braucht man: ★

- BAUMWOLLSTOFF FÜR DEN EULENKÖRPER: 2X 55 CM X 55 CM
- BAUMWOLLSTOFF FÜR DIE AUGEN: 2X 18 CM X 18 CM
- FILZ FÜR DEN SCHNABEL, REST
- VLIESELINE® ZUM AUFBÜGELN FÜR DIE AUGEN: 2X 18 CM X 18 CM
- 2 KNÖPFE
- NÄHGARN
- STICKGARN
- FÜLLWATTE
- SCHNITTMUSTERPAPIER
- (AQUA-)TRICKMAKER

*Aufgepasst! Soll die Schmuse-Eule waschbar sein, sollte man für den Schnabel Flockfolie verwenden. Filz darf nämlich nicht in die Waschmaschine.*

## So wird's gemacht:

- Die Eulenvorlage (siehe Seite 141) auf Schnittmusterpapier übertragen und ausschneiden.
- Das Schnittmuster für den Körper jeweils auf den Stoff übertragen und mit 1,5 cm Nahtzugabe ausschneiden.
- Auf die Stoffstücke für die Augen (18 cm x 18 cm) je mithilfe eines Zirkels oder einer Schüssel einen Kreis zeichnen. Aus Vlieseline® gleich große Kreise ausschneiden und auf die Stoffkreise bügeln.
- Die Augenränder mit schmalem Zickzackstich versäubern.
- Die Augen auf die Vorderseite der Eule steppen und jeweils nach Belieben einen Knopf im Auge annähen.
- Den Schnabel aus Filz ausschneiden und mit Stickgarn mitten unter die Augen nähen.
- Die Vorder- und Rückseite der Eule rechts auf rechts aufeinanderlegen und mit Steppstich ringsherum feststeppen, dabei am unteren Rand zum Wenden 10 cm offen lassen.
- In den Stoffrand zwischen die „Ohren" einen Einschnitt machen und den überschüssigen Stoff an den Ohrspitzen wegschneiden.
- Die Eule wenden, mit Füllwatte füllen und mit Blindstich schließen.

# FÜRCHTERLICHE FINGERMONSTER

VIEL SPASS MIT GERINGEN MITTELN

★ Das braucht man: ★

- STOFF, KUNSTFELL UND FILZ, RESTE
- KNÖPFE
- STICK- ODER NÄHGARN
- SCHNITTMUSTERPAPIER

So wird's gemacht:

- Einen Fingerumriss (ein oder zwei Finger breit) auf ein Schnittmusterpapier zeichnen, die Form ausschneiden und auf Stoff stecken.
- Für jede Fingerpuppe je eine Vorder- und eine Rückseite mit 0,5 bis 1 cm Nahtzugabe zuschneiden.
- Auf ein Stoffstück mit Stickgarn oder doppeltem Nähgarn von Hand einen Mund oder Schnabel nähen.
- Knöpfe als Augen annähen.
- Arme, Beine, Füße und eventuell Ohren aus Stoffresten in beliebigen Maßen und Formen ausschneiden.
- Die Stoffstücke rechts auf rechts aufeinanderlegen, dabei die jeweiligen Gliedmaße und Körperteile so zwischen die Stofflagen legen, dass sie innen liegen.
- Die Fingerpuppe zusammensteppen oder von Hand mit Stickstich zusammennähen, dabei eine Wendeöffnung lassen.
- Das Fingermonster wenden, die Wendeöffnung schließen.

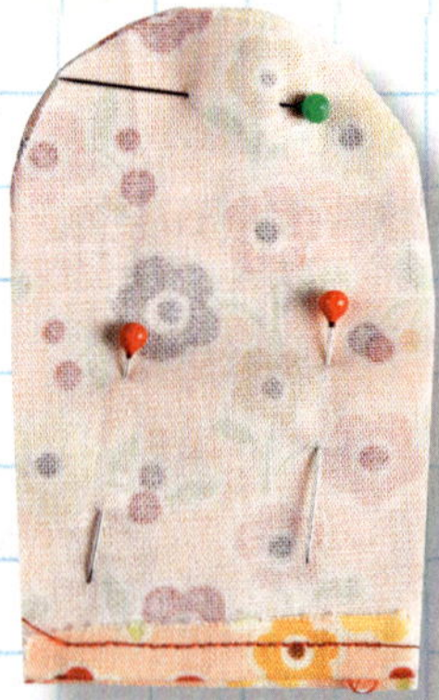

# GEBURTSTAGSKRONE

**EGAL, WIE ALT KINDER WERDEN, EINE GEBURTSTAGSKRONE TRAGEN SIE IMMER GERN! DAS VERRATEN IHRE LEUCHTENDEN AUGEN, WENN MAN IHNEN DIESE WUNDERSCHÖNE STOFFKRONE ÜBERREICHT. SIE IST EINFACH ZU NÄHEN UND EIN TOLLES GESCHENK.**

## ★ Das braucht man: ★

- DICKER FILZ, REST
- GUMMILITZE, 3 CM BREIT, 5 CM
- GLITZERSTEINE, FILZSTERNE, FILZBLÄTTER
- NÄHGARN
- TEXTILKLEBER
- VORLAGE EINER KRONE (Z.B. AUS DEM INTERNET AUSDRUCKEN UND AUSSCHNEIDEN)
- SCHNITTMUSTERPAPIER
- (AQUA-)TRICKMAKER

So wird's gemacht:

- Die Vorlage auf Schnittmusterpapier zeichnen und ausschneiden.
- Das Schnittmuster auf den Filz legen und ohne Nahtzugabe mit einem (Aqua-)Trickmaker übertragen.
- Die Krone ausschneiden und mit Glitzersteinen, Sternen oder Blättern bekleben.
- Die Gummilitze mit Zickzackstich an die Rückseite der Krone nähen.

Ein wahrhaft großartiges Geschenk!

# WIMPELKETTE

**EINE WIMPELKETTE IST EIN SUPER GESCHENK FÜR VERSCHIEDENSTE ANLÄSSE, ETWA ZUR GEBURT EINES KINDES, ZUM GEBURTSTAG, ALS WILLKOMMENSGRUSS ODER AUCH ZU SAISONALEN FESTEN.**

## ★ Das braucht man: ★

- STOFFE IN UNTERSCHIEDLICHEN FARBEN
- KANTENBORTE (ROBUSTE QUALITÄT)
- NÄHGARN
- WIMPELVORLAGE AUS KARTON (EIN DREIECK MIT EINER BASIS VON 20 CM UND LANGEN SCHENKELN VON 30 CM)

So wird's gemacht:

- Mithilfe der Vorlage Wimpel auf die ausgewählten Stoffe zeichnen und ausschneiden.
- Je zwei unterschiedliche Wimpelstücke links auf links aufeinanderlegen und alle drei Kanten mit Zickzackstich feststeppen.
- Die Wimpel mit der kurzen Seite auf die Kantenborte steppen.

**TIPP**

Eine sehr lange Wimpelkette über den Köpfen der Gäste macht sich gut bei einem Straßenfest.

Super schnell & super einfach: Die Wimpel mit der Zackenschere ausschneiden und direkt (also nicht doppellagig) auf die Kantenborte steppen. So erhält man im Handumdrehen eine tolle Wimpelkette!

Den Namen des Geburtstagskindes oder Jubilars aus unifarbenem Stoff ausschneiden und auf die Wimpel nähen.

# WEIHNACHTS-STRUMPF

*Ein hübscher Anblick und sehr einfach zu nähen …*

**★ Das braucht man: ★**

- BAUMWOLLSTOFF, REST
- FILZ, REST
- NÄHGARN
- SCHNITTMUSTERPAPIER

So wird's gemacht:

- Einen Strumpf auf Schnittmusterpapier aufzeichnen und ausschneiden.
- Den Stoff mit der rechten Seite nach innen doppelt legen. Das Schnittmuster auf den Stoff stecken und mit 1 cm Nahtzugabe übertragen.
- Den Strumpf ausschneiden.
- Aus dem Filz ein 5 cm breites Stück ausschneiden, das so lang ist wie der Strumpf breit. Den oberen Rand mit kleinem Zickzackstich versäubern, dann die Unterkante am Strumpf festnähen. Die andere Strumpfhälfte genauso arbeiten.
- Die Vorder- und Rückseite des Strumpfs rechts auf rechts aufeinanderlegen und mit Steppstich ringsherum feststeppen. Die Kanten mit Zickzackstich versäubern.
- Den Strumpf wenden.
- Für den Aufhänger aus Filz einen 1,5 cm x 15 cm langen Streifen ausschneiden, doppelt legen und oben am Strumpfschaft annähen.

# FOR FEARLESS FURRY FRIENDS ...

**DIESE SPIELZEUGE SIND SPEZIELLE GESCHENKE FÜR HUND ODER KATZE.**

★ *Das braucht man:* ★

- FILZ IN UNTERSCHIEDLICHEN STÄRKEN UND FARBEN, RESTE
- 2 KNÖPFE
- NÄHGARN
- FÜLLWATTE
- SCHNITTMUSTERPAPIER
- (AQUA-)TRICKMAKER

## Fisch

So wird's gemacht:

- Die Vorlage (siehe Seite 142) auf Schnittmusterpapier zeichnen und ausschneiden.
- Das Schnittteil auf dicken Filz stecken und mit einem (Aqua-)Trickmaker übertragen. Das Teil zweimal ohne Nahtzugabe aus dem Filz ausschneiden.
- Zwei Kreise für die Augen und zwei Flossen aus einem dünneren Filz ausschneiden.
- Die Flossen und die Augen je auf eine Fischhälfte stecken und mit Festonstichen annähen.
- Einen Knopf in der Mitte der Augen nähen.
- Beide Fischhälften links auf links aufeinanderlegen und mit Festonstichen ringsherum zusammennähen. Dabei eine kleine Wendeöffnung lassen.
- Den Fisch mit Füllwatte füllen und schließen.

*Aufgepasst! Filz darf nicht in die Waschmaschine, denn das führt unweigerlich zu unliebsamen Überraschungen ...*

## Hundeknochen

★ Das braucht man: ★

- STOFF, REST
- NÄHGARN
- FÜLLWATTE
- SCHNITTMUSTERPAPIER
- (AQUA-)TRICKMAKER

So wird's gemacht:

- Die Knochenvorlage (siehe Seite 143) auf Schnittmusterpapier zeichnen und ausschneiden.
- Den Stoff mit der rechten Seite nach innen doppelt legen. Das Schnittmuster auf den Stoff stecken und mit einem (Aqua-)Trickmaker übertragen.
- Den Knochen ausschneiden.
- Die Stoffstücke rechts auf rechts aufeinanderlegen und die Kanten mit Steppstich im Abstand von 1 cm zum Rand feststeppen. Dabei zum Wenden eine kleine Öffnung lassen. Die Stoffkanten mit Zickzackstich versäubern, damit sie nicht ausfransen.
- Bei den Rundungen kleine Dreiecke aus der Stoffkante schneiden, damit sich das Nähteil besser wenden lässt.
- Den Knochen wenden, mit Füllwatte füllen und mit Blindstich schließen.

# LÄTZCHEN

**DAS PERFEKTE GESCHENK ZUR GEBURT! DIESE REIZENDEN LÄTZCHEN GIBT ES NIRGENDS ZU KAUFEN, DAS MACHT SIE SO EINZIGARTIG.**

## ★ Das braucht man: ★

- BEDRUCKTER BAUMWOLLSTOFF FÜR DIE VORDERSEITE
- FROTTEESTOFF FÜR DIE RÜCKSEITE (Z.B. EIN NICHT ZU DICKES FROTTEEHANDTUCH)
- VLIESELINE® ZUM AUFBÜGELN
- SCHRÄG- ODER PASPELBAND, MINDESTENS 2 CM BREIT
- DRUCKKNÖPFE
- NÄHGARN
- 1 LÄTZCHEN ZUM MASSNEHMEN ODER EIN ENTSPRECHENDES SCHNITTMUSTER
- SCHNITTMUSTERPAPIER

So wird's gemacht:

- Das Lätzchen auf dem Schnittmusterpapier ausbreiten, die Umrisse übertragen und ausschneiden.
- Das Schnittmuster auf beide Stoffe übertragen und (ohne Nahtzugabe) ausschneiden.
- Vlieseline® in Lätzchengröße ausschneiden und auf die Rückseite des Baumwollstoffs bügeln.
- Das Schrägband entlang der Kante des mit Vlieseline® verstärkten Stoffes feststecken oder anheften.
- Das Schrägband mit klein gewähltem Steppstich knappkantig (oder in der Falte) auf den Stoff steppen.
- Das Frotteeteil auf die Vlieseline®seite des Baumwollteils legen.
- Das Schrägband um beide Stoffkanten falten und feststecken oder anheften.
- Das Schrägband knappkantig zum Baumwollstoff feststeppen.
- Als Verschluss Druckknöpfe an den Zipfel annähen.

# TIPP

**Ein Lätzchen mit Tasche**

Gemäß Schnittmuster eine Tasche ausschneiden, die etwa die untere Hälfte des Lätzchens bedeckt, dabei am oberen Rand eine Nahtzugabe von 4 cm hinzugeben. Die obere Stoffkante 1 cm nach innen falten, bügeln und dann noch einmal 3 cm nach innen falten. Mit Steppstich feststeppen. Die Tasche auf die Frotteeseite legen und so feststeppen, dass das Schrägband alle drei Lagen einfasst.

# KÜCHENSCHÜRZE

**EINE SCHÜRZE WIE ZU OMAS ZEITEN, ABER ZEITGEMÄSS AUFGEPEPPT.**

★ Das braucht man: ★

- STOFF FÜR DIE SCHÜRZE, 84 CM X 56 CM (INKL. NAHTZUGABE)
- STOFF FÜR DEN SCHÜRZENBUND: 9 CM X 182 CM (INKL. NAHTZUGABE)
- VLIESELINE® ZUM AUFBÜGELN FÜR DEN BUND, 3,5 CM, 84 CM

Idee:
Die Schürze mit einer Tasche versehen: Dafür ein Stück Stoff in derselben Farbe 29 cm x 30 cm (inkl. Nahtzugabe) zuschneiden. Die obere Stoffkante 1 cm nach innen falten und den Saum bügeln. Dann 4 cm nach innen umschlagen, bügeln und mit Steppstich feststeppen. Die untere und die seitlichen Kanten 1 cm nach innen falten und bügeln. Die Tasche in der Schürzenmitte im Abstand von 10 cm zum Taillenabschluss aufstecken. Unten und an den Seiten mit Steppstich feststeppen und die Nähte an ihren oberen Enden eventuell zur Verstärkung dreiecksförmig übersteppen, damit die Tasche besonders fest sitzt.

So wird's gemacht:

- Den Stoff waschen und bügeln.
- Für die Schürze die untere Stoffkante 1 cm nach innen falten und bügeln. Noch einmal 4 cm nach innen falten und anheften oder mit Nadeln feststecken. Den unteren Saum mit Steppstich feststeppen.
- Die seitlichen Stoffkanten 1 cm nach innen falten und bügeln. Noch einmal 1 cm nach innen falten und anheften oder mit Nadeln feststecken. Die Seiten mit Steppstich feststeppen.
- Den Stoff für den Schürzenbund zuschneiden. Oder den Bund aus drei Stücken zusammensetzen, so spart man Stoff. Die Einzelteile mit Steppstich zu einem langen Streifen aneinandernähen.
- Die Vlieseline® zuschneiden und in der Mitte des Bundstreifens bügeln.
- Die kurzen Enden des Bundes jeweils 1 cm nach innen falten und bügeln.
- Die langen Kanten des Bundes jeweils 1 cm nach innen falten und bügeln.
- Den Stoffstreifen der Länge nach falten und glatt bügeln. Den Bund um die obere Schürzenkante falten (eventuell die Schürze oben mit zwei kleinen Zierfalten versehen) und feststecken oder anheften.
- Mit Steppstich knappkantig feststeppen.

# Vorlagen

**TIPP**

Mit einem Kopierer kann man alle Schnittmuster im Handumdrehen vergrößern oder verkleinern.

## Herzen

## Elefant

## Großer Uhu

**TIPP**

Für einen großen Uhu wie hier muss das Schnittmuster um das Zweieinhalbfache vergrößert werden. Natürlich kann man den eigenen Uhu auch größer oder kleiner machen.

## Schmuse-Eule

**TIPP**

Für eine große Eule wie hier muss das Schnittmuster um das Zweieinhalbfache vergrößert werden. Natürlich kann man die eigene Eule auch größer oder kleiner machen.

# Fisch

## Knochen

Originaltitel: Van Naald tot Draad
übersetzt aus dem Niederländischen
www.lannoo.com

Text: Elke Vanelderen
Schlussredaktion: Hilde Smeesters
Fotografie: Stefanie Faveere, www.shutterstock.com (Briefmarken: Bocman1973 S. 68, Rook76 S. 64, Brandohnt S. 78, Igor Golovniov S. 94 und 108)
Layout: Whitespray
Schnittmuster: Elke Vanelderen, in Zusammenarbeit mit Paulien De Smet
Gestaltung Schnittmuster: Mediactief
Styling: Katrien Van de Steene und Elke Vanelderen

Mit Dank an:
Vermiljoen, Annamarieke, „Rood met witte stipjes“, Helena Welvaert, Marijke Caen, Karin Carlier en Paulien De Smet.
www.par-terre.be, Casa Deinze, Hema Deinze für das Leihen des Dekomaterials.

Projektmanagement: Ina Hoffmann
Übersetzung: Katrin Bosse, Hannover
Lektorat: Susanne Noll, Hennef
Umschlaggestaltung: Petra Theilfarth
Druck: Neografia, Slowakei


1. Auflage 2014
Best.-Nr. 6354
ISBN 978-3-7724-6354-9